MUDANÇAS, RAZÃO DAS INCERTEZAS

INTRODUÇÃO À GESTÃO DO CONHECIMENTO

RICARDO W. CALDAS

CARLOS ALBERTO A. DO AMARAL

CLA editora

2002

Apoio Cultural

Departamento de Ciência Política
Universidade de Brasília (UnB)

Editor: Fabio Humberg
Capa e Projeto gráfico: João Carlos Porto
Preparação de originais: Adriana Fonseca

Todos os direitos reservados
Editora CLA Cultural Ltda.
Rua Coronel Jaime Americano 30 – salas 11/12/13
05351-060 – São Paulo – SP   www.editoracla.com.br
Tel/fax: (11) 3766-9015   e-mail: editoracla@editoracla.com.br

Dados Internacionais de Catalogação na Publicação (CIP)
(Câmara Brasileira do Livro, SP, Brasil)

Caldas, Ricardo Wahrendorff, 1964 –
  Mudanças, razão das incertezas : introdução à gestão do conhecimento / Ricardo Wahrendorff Caldas. -- São Paulo : Editora CLA Cultural, 2002.

  1. Competência 2. Conhecimento - Gestão
3. Inovações tecnológicas 4. Mudança organizacional
I. Amaral, Carlos Alberto Azevedo do, 1939-2001.
II. Título. III. Título: Introdução à gestão do conhecimento.

01-6103   CDD-658.001

Índices para catálogo sistemático:
1. Conhecimento : Gestão : Administração de
     empresas   658.001
2. Gestão do conhecimento : Administração de
     empresas   658.001

Prefácio

O professor Ricardo Wahrendorff Caldas já possui uma respeitável produção, tendo publicado sete livros: *A Política Externa do Governo Kubitschek (1956-1961)*, *Brazil in the Uruguay Round of the GATT* (a Posição do Brasil no GATT/OMC), *Introdução à Globalização* (este também em parceria com Carlos Alberto Amaral), *O Brasil e o Mito da Globalização*, *O Brasil e a UNCTAD*, *Relações Internacionais e Desenvolvimento Regional* e *Regimes Políticos, Eleições e Reformas Econômica*. Tem ainda mais um livro no prelo: *As opções do Brasil para o Século XXI: Mercosul, ALCA, NAFTA e U.E.*

O atual livro, em que mantém a parceria com o economista Carlos Alberto Amaral – falecido em 2001 –, iniciada no livro *Introdução à Globalização*, trata do tema da gestão do conhecimento. Aqui, eles abordam como o processo de globalização afeta os conhecimentos dentro de cada empresa e o que cada empresa pode fazer para acelerar o fluxo de informações internamente. Acredito que este livro será extremamente útil para aqueles que estão se aventurando por esse universo. Os autores têm experiências e conhecimentos complementares que tornam o livro rico e original.

O professor Ricardo Wahrendorff Caldas, ligado ao nosso Departamento, tem uma trajetória profissional interessante e original. Formado em Economia na Universidade de Brasília em 1984, fez mestrado em Ciência Política, defendendo dissertação sobre a política externa do governo Kubitschek, de um ângulo pouco abordado: a importância dos fatores domésticos na determinação das políticas externas. O resultado foi uma dissertação de mestrado na linha divisória entre políticas públicas e política internacional, quando a área de Relações Internacionais ainda era pouco desenvolvida no Brasil. Sob o nome de *A Política Externa do Governo Kubitschek*, foi o único livro de Ciências Sociais aprovado para publicação pelo hoje extinto Fundo de Apoio à Cultura da Secretaria de Cultura do Distrito Federal.

Depois de um período de experiência profissional no setor público, como economista na Codeplan e na área internacional da Secretaria de Assuntos Estratégicos (SAE) da Presidência da República, em 1991 recebeu bolsa da CAPES para desenvolver seu doutorado na Inglaterra, onde obteve seu Ph.D. em 1995, na área de Relações Internacionais, com a tese sobre a Política Comercial do Brasil no GATT/OMC. Após a conclusão do doutorado, foi para o Institute of Latin American and Iberian Studies (ILAIS – Universidade de Columbia) nos EUA, onde realizou pesquisas de pós-doutorado sobre a influência de fatores políticos na política econômica. O resultado da pesquisa foi publicado recentemente em livro. Em dezembro de 1997, realizou concurso público para Professor Adjunto do Departamento de Ciência Política da Universidade de Brasília (UnB), sendo contratado no início de 1998. Desde então, tem se dedicado ao trabalho universitário, com enorme produtividade. Na Universidade de Brasília, hoje ele orienta dois grupos de pesquisas: um sobre Política e Economia e outro sobre ALCA. Deve-se lembrar que foi também professor de Política Externa Brasileira da PUC-SP.

Com este livro, o professor Ricardo Caldas mais uma vez oferece uma relevante contribuição acadêmica, que esperamos seja mantida e aumentada, para benefício não só da universidade, colegas e alunos, mas de toda a coletividade.

Prof. Lúcia Avelar
Chefe do Departamento de Ciência Política
Universidade de Brasília (UnB)

Sumário

Introdução 9
As mudanças 12
   As empresas e as mudanças 12
   A velocidade das mudanças 16
   Não é fácil mudar 18
As razões das incertezas 22
   As mudanças estruturais 22
   As mudanças do mercado 28
   O processo de globalização 31
      A divisão dos custos e dos benefícios 35
      As criticas à globalização 38
   As novas fronteiras da tecnologia 41
      Um rápido histórico do conhecimento 43
      Os reflexos mais visíveis 46
      O mundo real e o virtual 48
      Os impactos no século XXI 51
      As aplicações nas empresas 52
   A informação nesse contexto 56
      O volume das informações 56
      A gestão da informação 57
      O tratamento das informações 59
      A informática e as empresas 60
      Alguns comentários sobre negócios na Internet 62
   Os mecanismos do aprendizado 65
   Aprendendo a aprender 68

O CONHECIMENTO E A COMPETÊNCIA 71
   A METODOLOGIA 73
      A IDENTIFICAÇÃO DAS COMPETÊNCIAS E SEUS REFLEXOS 75
      O PROCESSO DECISÓRIO 78
      UMA VISÃO PROSPECTIVA 79
      OS FATORES RELEVANTES 81
   O CONHECIMENTO EMPRESARIAL 91
      MODELOS NAS CÊNCIAS DAS INFORMAÇÕES 92
      CLASSIFICAÇÃO DO TIPO DE CONHECIMENTO 93
   A COMPETÊNCIA EMPRESARIAL 95
   A GESTÃO DO CONHECIMENTO 96
   A GESTÃO DA COMPETÊNCIA 98
   AS CONDICIONANTES DO PROCESSO 98
      A DIVERSIDADE DAS EMPRESAS 100
      O TIPO DE ATIVIDADE 101
      A DIFERENÇA ENTRE IGUAIS 102
      A NECESSIDADE DE ANTECIPAR-SE AOS FATOS 104
      A IMPORTÂNCIA DA VISÃO DA OPERAÇÃO 105
      A MONTAGEM DE CENÁRIOS 106

CONCLUSÕES 112
   PARADOXOS ENTRE CONHECER E UTILIZAR 114
   ALGUMAS SUGESTÕES 119
   CONSIDERAÇÕES FINAIS 121

Introdução

No final do século XX presenciamos uma quantidade espantosa de profundas mudanças, com uma incrível velocidade, em praticamente todos os setores da nossa vida e do conhecimento humano. O mais preocupante é que as previsões indicam que neste início de milênio elas serão ainda mais intensas, mais amplas e mais rápidas e, conseqüentemente, irão aumentar as diferenças sociais.

Neste cenário convivemos com a sensação de que, concordemos ou não, como indivíduos nada podemos fazer para influenciar o rumo que os fenômenos estão tomando. Isto nos dá uma impressão de insegurança e de transitoriedade para a qual nenhum de nós está preparado.

Devido a essa velocidade e à crescente complexidade das transformações que elas ocasionam, sentimos como se estivéssemos caminhando entorpecidos, em uma estrada com um solo movediço e sem saber exatamente aonde ela nos levará.

Esse mecanismo vem acontecendo em todos os níveis e extratos sociais e se reflete não somente nos aspectos de nossa vida pessoal, mas, inclusive, nas instituições.

Como as instituições e as empresas são formadas por seres humanos, por mais estruturadas que sejam, essas incertezas também acabam se refletindo no seu corpo funcional e na sua gestão. Isso se torna bastante evidente quando buscamos que as instituições tendam ser estáveis e as empresas sólidas.

Paradoxalmente, esse contexto como um todo vem nos últimos tempos caminhando em sentido diametralmente oposto ao de diminuir as incertezas.

As estruturas sociais, ao ficarem mais complexas, têm se tornado mais instáveis, as verdades científicas não são mais necessariamente únicas e imutáveis e tudo nos leva à sensação de relatividade das coisas e das idéias.

Em decorrência desse quadro, procuramos oferecer algumas considerações sobre as causas dessas transformações e algumas direções que possam auxiliar na compreensão dos questionamentos que são feitos diariamente pelos empresários e executivos das empresas.

Na verdade, esse exercício já é feito, em um trabalho solitário dos seus gestores, tendo como base conhecimentos e fatos que estão sendo totalmente subvertidos e impactados em função da enorme velocidade e do imenso conteúdo dos câmbios sociais, da evolução da tecnologia, do processo de globalização e da revolução da informática e das comunicações, para citar alguns.

Procuramos neste livro identificar as razões e as principais tendências, bem como descobrir formas de como se preparar para tantas e tão rápidas mudanças.

São as nossas competências que serão testadas e afetadas diretamente e nosso sucesso dependerá da capacidade de adaptação e convivência com este rápido e incessante mudar, não somente durante o próprio processo, mas também no futuro.

Não existe uma única fórmula mágica ou uma só resposta de como se preparar para tantas transformações. Isto é devido, principalmente, à diversidade de atividades envolvidas, aos mais variados tipos de organização e estruturas, aos infinitos processos de produção e distribuição de bens e prestação de serviços, às tendências do mercado, evoluções da tecnologia e ao processo de globalização.

O que existem são métodos que nos permitem identificar quais são e onde estão as nossas competências, como se comportam atualmente e propor opções para que possamos adequá-las às futuras e variadas mudanças que vêm por aí.

Para isto, teremos que projetar a empresa e seu contexto para o futuro, tendo como parâmetros significativos indicadores estruturais, conjunturais e específicos de cada atividade. Esse mecanismo nos auxiliará na avaliação se as nossas competências estão, ou não, preparadas para resistir às pressões resultantes desse processo.

Estaremos basicamente falando de competências empresariais, porém esse conceito pode ser aplicado para qualquer pessoa que produza bens e serviços, ou instituições que de alguma forma utilizem recursos econômicos para gerar riqueza.

No fundo o que nos perguntamos é:

Quais são os fatos geradores destas mudanças atualmente?

Sem qualquer pretensão de apresentar uma resposta definitiva, gostaríamos de lembrar alguns dos principais fatores que deverão influenciar nossas vidas nesta entrada do novo milênio:

- O processo de globalização
- A importância do consumidor
- A consciência ecológica
- A evolução da tecnologia
  → Na comunicação
  → Na informática
  → Na robotização
  → Na realidade virtual
  → Na engenharia genética etc.
- A aplicação prática da evolução exponencial do conhecimento humano.

Se observarmos essa modesta lista, ela já é mais que suficiente para qualquer pessoa, instituição ou empresa preocupar-se com o que vem pela frente e procurar visualizar a importância de gerenciar melhor as suas informações e as suas competências.

Capítulo I
As mudanças

As empresas e as mudanças

Está se tornando cada dia mais complicado para os homens conviverem com o volume e a rapidez das mudanças que estão acontecendo no mundo em função do exponencial desenvolvimento tecnológico e do processo de globalização em curso.

Da mesma forma, sentimos claramente que fica mais difícil para as instituições responderem à crescente complexidade da sociedade, para as empresas conviverem com os resultados desse processo ou projetarem como esses fatores afetarão os seus negócios no futuro.

Tudo leva a crer que será inevitável que essas modificações do contexto social e da evolução da tecnologia terão uma influência ainda maior. Não somente nas técnicas de produção e distribuição de bens e serviços, mas até na maneira de atender as diversificadas, complexas e crescentes necessidades dos mercados.

Porém, essas transformações e as adaptações têm momentos e intensidades diferentes e o seu controle, não raro, está bem além de nossa vontade.

A maioria das adaptações sociais acontece quando existe uma combinação ou uma sincronia entre o momento histórico e o contexto existente ou quando ocorrem as mudanças na herança cultural que permitam esse câmbio.

Por sua vez, o avanço tecnológico acontece quando o acúmulo de informações chega a um estágio que cria um novo patamar de conhecimento. Geralmente a motivação, quando existe, é decorrente de uma carência a ser atendida e, mesmo assim, só ocorre quando o contexto viabiliza a sua aplicação.

Ainda que o avanço tecnológico possa ser induzido ou direcionado em função de necessidades específicas, ele desenvolve-se também aleatoriamente em decorrência da sincronia de fatos fortuitos ou pela tirania das circunstâncias.

O direcionamento existe quando são alocados recursos humanos e materiais na busca de soluções para alguma barreira do saber, para satisfazer um desejo ou necessidade ou para a solução de algum problema específico.

As motivações que levam a esse direcionamento das descobertas ou invenções podem ser individuais, institucionais, de uma nação ou até de toda a comunidade universal.

Isto vai desde o saber o porquê das coisas, um avanço no conhecimento puramente científico, uma solução para um problema, uma descoberta para o tratamento de uma doença, o desenvolvimento de um processo industrial, o atendimento de uma necessidade de mercado etc.

A motivação pode acontecer até mesmo em função de um marco a ser conquistado, como resolver um problema matemático, como circular a Torre Eiffel em um objeto mais pesado que o ar, a chegada à Lua, a travessia do Oceano Atlântico em um avião, a volta ao mundo em um balão ou façanhas semelhantes.

Ela pode também ser resultante de uma consciência social, como atualmente ocorre com uma importante parcela das nações. Constata-se uma evidente preocupação com a ecologia e isso nos leva a direcionar recursos para diminuir os danos já causados e para avaliar as alterações que ainda podem ocorrer no meio ambiente em função das atividades predatórias do homem.

Entretanto, quando a esse acervo de saber é agregado um novo conhecimento, ele pode gerar novas aplicações em campos completamente diferentes daqueles para os quais os esforços estavam originalmente direcionados.

Talvez os subprodutos dos esforços de guerra sejam um exemplo desse direcionamento. Pois não se pode negar que as últimas guerras foram grandes alavancadoras de conhecimentos e de saltos tecnológicos, apesar da crueldade dos seus custos. O radar, os avanços na medicina, a propulsão a jato e o próprio conhecimento da energia atômica foram frutos da guerra e hoje têm aplicações bastante diferentes daquelas razões que, originalmente, levaram ao seu desenvolvimento. A história está cheia desses casos.

Seria quase impossível imaginar que o relógio de pulso, desenvolvido por Cartier a pedido de Santos Dumont para permitir que ele tivesse as mãos livres ao pilotar suas máquinas de voar, faria parte de nossa vida da forma que faz hoje. Afinal, naquela época, quantos homens pilotavam aquelas estranhas máquinas?

Quem, por exemplo, poderia prever, até os meados do século XVIII, que a tração animal iria deixar de ser um fator fundamental como meio de transporte e tornar-se, praticamente, só um esporte?

Basta lembrar que, ainda no início do século XX, os bondes usavam tração animal e os ferreiros ficavam nas principais entradas ou saídas das cidades. Esse poderia ser considerado um serviço de conveniência naquela época, pois era ali que os cavalos trocavam as ferraduras ou eram alimentados.

Atualmente, essa atividade, salvo nos países subdesenvolvidos, existe quase que exclusivamente nos clubes hípicos. Seria muito difícil alguém apostar naquela época que as coisas iriam caminhar assim.

A história nos conta que o palito de fósforo foi descoberto por acaso quando um inglês, John Walker, em 1827, ao limpar no chão de pedra um graveto que usara para misturar as substâncias potássio e fósforo, verificou que essa mistura e o atrito geravam fogo.

Entretanto, somente em 1845, quando a evolução da tecnologia disponibilizou os dois produtos químicos e a Revolução Industrial permitiu a produção padronizada de palitos de madeira, é que se viabilizou o aparecimento do palito de fósforo, que perdura até os nossos dias.

Disputando esse mesmo mercado, já temos os fornos, fogões e aquecedores utilizando acendedores elétricos, os microondas que não necessitam mais de fogo para funcionar, além dos isqueiros e outros produtos semelhantes.

Mais um exemplo de como as coisas mudaram: quantos alfaiates, costureiras, camiseiros e bordadeiras conhecemos hoje?

Ou quem poderia, nas primeiras décadas do século XX, imaginar que a indústria de chapéus iria praticamente desaparecer em função de mudanças na moda?

Assim mesmo, com a moda do uso do boné, criou-se o seu substituto. Não exatamente para a mesma classe social, mas pela mesma razão: para proteger do sol e da claridade.

Por outro lado, a incidência cada dia maior do câncer de pele pela exposição ao sol não estaria criando a necessidade do retorno de alguma forma mais eficiente de proteção?

A solução para esse problema poderá vir através de protetores solares, de processos criados pela engenharia genética ou algo parecido. Ou ainda, as nações cada vez mais preocupadas com os problemas ambientais poderão recuperar a camada de ozônio, reduzindo um dos principais fatores geradores do câncer de pele. E por que não a volta do chapéu?

Foram as Cruzadas, no século XIII, que trouxeram para a Europa o papel de cânhamo produzido no Egito e com isso permitiram a substituição do uso do pergaminho de couro de animal, em que eram produzidos os manuscritos. Como conseqüência, pela facilidade de produção, pela sua flexibilidade, pela sua porosidade e capacidade de impregnação pela tinta, o papel viabilizou a invenção da prensa de metal mole de Gutemberg, no século XVI, a máquina de impressão gráfica. Esta, por sua vez, foi um dos instrumentos mais importantes na democratização do conhecimento que, além de estar restrito a uns poucos privilegiados, tinha de ser registrado manualmente, o que tornava impossível a sua reprodução em grandes quantidades.

Com essa descoberta, saber ler e escrever se tornou cada dia mais fundamental para o homem. Até o próprio exercício da religião, em alguns contextos sociais, passou a depender da leitura dos livros sagrados.

Hoje, uma parcela importante do que é escrito não é mais impresso em papel, mas registrado em fitas magnéticas, em filmes, em disquetes, em CDs, nas memórias dos computadores ou na Internet. Até mesmo os dicionários e as enciclopédias estão deixando de ser impressos.

Ainda que os meios sejam diferentes, temos que nos comunicar, de manter registros sobre os diversos ramos do conhecimento, fazer manutenção dos meios de transportes, proteger-nos do sol, acender ou ligar um forno e assim por diante.

Esse rápido exercício serve apenas para mostrar que atividades, produtos, serviços ou profissões que aparecem por um salto evolutivo do conhecimento ou por uma necessidade de mercado podem, no decorrer do tempo, tornar-se totalmente obsoletos.

Como decorrência, as profissões e as atividades produtivas podem se modificar dentro de um quadro que está condicionado às mais variadas e diferentes soluções, dependendo das modificações culturais ou sociais, da criatividade humana ou da aplicação dos conhecimentos e da tecnologia.

Seria muito bom conhecer como o mercado irá se desenvolver ou como os conhecimentos e os fatores tecnológicos irão apresentar soluções mais rapidamente para atender os desejos, anseios e as necessidades humanas.

Para isso nenhum de nós tem respostas exatas, mas podemos formular as perguntas. Por incrível que pareça, já é um passo extremamente importante.

Atualmente, existe um volume de informações cada dia maior e instrumentos cada vez mais avançados e flexíveis que, juntos, nos possibilitam gerar os mais variados e possíveis cenários como respostas.

Ao criarmos as opções de soluções viáveis para serem utilizadas nesses contextos, estaremos fazendo um exercício de criatividade e planejamento que nos mostrará caminhos que antes não foram pensados ou mecanismos que poderão ser utilizados, quando e se esses fatos ocorrerem.

A VELOCIDADE DAS MUDANÇAS

Os séculos XIX e XX viveram saltos exponenciais no saber. Entretanto, parece evidente que seus resultados práticos ainda são pouco significativos quando comparados com a evolução que está prevista para acontecer e os reflexos que trarão para o conhecimento, para as ciências, para as comunicações e para as informações.

Para permitir uma visualização ordenada desse processo foi encomendado pela OCDE – Organização para a Cooperação Econômica e Desenvolvimento – ao economista francês George Anderla um estudo para analisar a velocidade do acúmulo de conhecimentos.

Nesse estudo, tomou-se como base o primeiro ano da era cristã e todos os conhecimentos. Essa data passou a representar uma unidade de conhecimento. Somente em 1500 esses conhecimentos chegaram a duas unidades e levamos um quarto de século para lentamente alcançarmos quatro unidades, em 1750. A partir daí, com a Revolução Industrial, o processo começou a se acelerar e chegamos a oito unidades em 1900, dobrando para dezesseis unidades em 1950. A evolução da comunicação e da informática eleva para 32 unidades de conhecimento em 1960, pula para 64 unidades em 1967, e finalmente a 128 unidades em 1973.

Mantida essa mesma taxa de crescimento, uma projeção desse

estudo para o ano 2050, feito por Alvin Silverstein, elevaria esse patamar para os incríveis 128 milhões de unidades. Os números são tão impressionantes que mesmo que essa projeção esteja errada por muitos milhões, torna-se difícil imaginar se isto não seria significativo com relação à tendência das mudanças.

Para nos posicionarmos neste novo cenário, vale a pena recordar que o custo social e a velocidade de adaptação às transformações na sociedade, como a história nos lembra, quase sempre foram muito altos.

Como exemplo, basta lembrar que o processo de transformação da Revolução Industrial criou um impacto tão grande que foi necessário algum tempo para o mundo ter condições de identificar e relacionar o fato gerador e as importantes conseqüências dos impactos sociais, econômicos e políticos que se sucederam.

Esse processo, além de propiciar uma evolução nas máquinas e equipamentos, que aumentaram substancialmente a produção de bens e serviços, também permitiu significativos avanços nas técnicas e na qualidade dos instrumentos de controle e aferição dos fenômenos científicos.

Sem dúvida, os instrumentais que foram disponibilizados permitiram acelerar ainda mais os saltos evolutivos em todos os setores das ciências.

Atualmente, o volume de conhecimentos, o avanço tecnológico e os instrumentais disponíveis de tratamento das informações evoluíram de forma tão significativa que permitiram a exploração e ampliação dos limites do saber científico nos extremos do macro e do microcosmo, mudando vertiginosamente a velocidade do acúmulo de conhecimentos. Passamos de um crescimento linear para os atuais saltos exponenciais.

Como se pode imaginar, essa evolução e as transformações sociais trazem implicitamente fatores que afetaram, afetam e afetarão a nossa vida tanto como indivíduos quanto coletivamente.

Essa é uma das razões por que as empresas precisam preocupar-se não somente com a aplicação do seu acervo de conhecimento atual, mas também, e principalmente, com o que está por acontecer com ele e em que velocidade isso acontecerá.

Esses aspectos não eram tão significativos em diversos setores empresariais porque as mudanças não eram tão grandes e não aconteciam tão rapidamente. Mas agora, sem dúvida, são.

Não é fácil mudar

Esses câmbios conceituais e comportamentais podem não acontecer na velocidade necessária ou desejada, pois eles estão sujeitos ao confronto que sempre ocorre entre dois vetores que se movimentam em direções opostas: a necessidade de mudar e a resistência natural às mudanças.

Essas foram as evidências que levaram Thomas Kuhn a demonstrar amplamente que cada revolução científica demora, em média, uma geração para ser implementada. Isso acontece, em geral, em função de que a quebra dos paradigmas vigentes encontra uma séria reação dos cientistas, dos pensadores e das relações de poder existentes naquele momento. E, não raro, é necessária uma nova geração, sem vínculos com os velhos *imprints*, para racionalmente ser capaz de analisar com isenção as inovações propostas.

Vale a pena lembrar que o astrônomo Simon Newcombe, o descobridor do planeta Netuno, "provou matematicamente" que o vôo de algo mais pesado que o ar era impossível; que a Academia Francesa de Ciências recusou-se, no século XVIII, a estudar as evidências da existência de meteoritos; que Thomas Edison afirmou durante anos que a corrente elétrica alternada era prejudicial à saúde. Até Einstein, por algum tempo, refutou o fator acaso na mecânica quântica, apesar das seguidas comprovações experimentais que suportavam esse fenômeno.

Como se pode imaginar, essas mudanças sócio-comportamentais, especialmente em uma empresa, também não são fáceis de acontecer, em função das resistências existentes, principalmente porque afetam as relações de poder interno.

Mas, além disso, a velocidade imposta pela necessidade do mercado ou pela evolução da tecnologia pode ser maior que a capacidade das empresas de fazer ou assimilar as mudanças.

Muitas vezes a empresa consegue identificar a premência da necessidade de reformas e, no entanto, não dispõe da capacidade de se adaptar ou de promover as mudanças na velocidade desejável.

Esse mesmo mecanismo pode ser notado em outros níveis, com relativa facilidade. Pois as mudanças sociais têm sido tão radicais atualmente que a cabeça do ser humano pode até entender a evolução das coisas, mas a sua emoção pode não aceitar ou não acompanhar essas alterações.

Desde a invenção da máquina de impressão até os avanços da informática e os modernos bancos de dados informatizados já se passaram mais de cinco séculos. Porém, continuamos a guardar papel impresso, nem sempre sabendo exatamente por quê.

Outro fator a ser levado em conta é que as empresas têm sua história, sua estrutura organizacional formal e informal, mas o mais importante é que têm a sua *personalidade,* que é expressa através do modo de pensar da casa e do seu espírito de corpo. Talvez essa seja uma das explicações para os aspectos culturais e os condicionamentos individuais dos executivos que resistem a qualquer mudança significativa no contexto existente.

O psicólogo e sociólogo americano Gardner Murphy enunciou uma tese, nos anos 50, que provavelmente justifica algumas das reações que naturalmente acontecem nas empresas e que tolhem o seu processo de autocrítica:

"As premissas que norteiam um grupo social acontecem por um mecanismo de preservação e são geralmente incorporadas pelos seus participantes não somente como normas institucionais.
Elas tornam-se também verdades individuais e, portanto, menos passíveis de serem questionadas.
Esse é um dos mecanismos geradores do espírito de corpo institucional que cerceia a aceitação de críticas externas, inclusive as construtivas.
Qualquer crítica a essas "verdades" do contexto social passa a ser entendida como crítica pessoal. E mais, mesmo no âmbito interno, conduz ao expurgo de qualquer componente que passe a contestar as premissas do contexto.
Quando esse mecanismo chega a extremos, o complexo social torna-se impermeável, cristaliza-se e não evolui. Como a sociedade é um sistema dinâmico, geralmente cria-se o choque e não raro a ruptura."[1]

---

[1] *Gardner Murphy, cientista social, apud* Introdução à Globalização – *dos mesmos autores* –1998 – *Celso Bastos Editor*

Outro aspecto bastante comum é a inexistência nas empresas de mecanismos que permitam compartilhar as informações. A razão disso é bastante transparente. No nível pessoal, as maiores barreiras na transferência dos conhecimentos decorrem do fato de que os melhores executivos são avaliados no mercado de trabalho pelas suas competências acumuladas. Pode-se, por exemplo, notar claramente essa característica nas empresas de consultoria.

Mas também existe uma obsessiva preocupação das empresas em manter seu acervo de conhecimentos restrito a um seleto grupo de funcionários. Normalmente, esse processo está fundamentado em uma falsa preocupação com segurança.

Qualquer análise superficial mostra que, na maioria das empresas, o tipo de informação que causa a sensação de poder pessoal decorre do conhecimento prévio de acontecimentos ou movimentos específicos de curto prazo.

Os objetivos políticos da empresa, por definição, compõem um corpo de informações que devem ser de conhecimento geral, até porque devem refletir a sua razão de ser, as suas metas, a forma de agir da empresa e direcionar o comportamento dos seus funcionários. E, sem dúvida, devem ser bastante duradouros.

Os objetivos estratégicos, de forma geral, envolvem informações que são partilhadas por um grande número de pessoas, da empresa e de fora dela. Além disso, os seus prazos de execução são longos e, portanto, tornam mais complicado que essas informações deixem de ser mais transparentes ao público interno e ao mercado.

As ações táticas empresariais de curto prazo geralmente são informações que, por prudência, devem manter-se restritas somente às pessoas envolvidas no processo, sob pena de perderem o impacto, uma vez conhecidas do mercado.

Entretanto, o que realmente induz a essa sensação de poder são as informações sobre os movimentos resultantes de política interna, no seleto grupo que as conhece.

Ou seja, o foco desse tipo de sensação de poder, em geral, não é decorrente de um ordenamento institucional, pois não se origina na estrutura formal da empresa, mas, geralmente, nas suas relações informais.

Por sua vez, os conhecimentos referentes a competências específicas da empresa têm sido encarados até aqui geralmente como segredos de Estado.

Note-se, porém, que a rápida evolução da tecnologia introduziu uma importante variável no tratamento desses tipos de informações, pois, atualmente, o ciclo de obsolescência de um conhecimento ou um processo tecnológico tornou-se extremamente rápido. Essa velocidade pressiona para que as informações sejam imediatamente aplicadas e, conseqüentemente, induz a alguma forma de divulgação ou leva a um precoce processo de desatualização e de perda de valor.

Capítulo II
AS RAZÕES DAS INCERTEZAS

AS MUDANÇAS ESTRUTURAIS

Existe uma nítida trajetória na origem dos esforços necessários para a geração de bens, para a nossa sobrevivência e para a satisfação de nossos anseios ou desejos.

Essa tendência, apesar de não ser mutuamente excludente e nem homogênea, começou com o esforço físico humano, passou para a força animal, para o uso de forças mecânicas e evoluiu com o domínio, pelo homem, das diversas fontes de energia. Isso somente foi possível com o avanço da tecnologia e resultou em uma transferência no processo produtivo da ênfase do esforço físico para o mental.

Essas mudanças têm implicações muito sérias nos processos de produção de bens e serviços, na sua qualidade e volume, nas relações de emprego, na qualificação dos empregados, na posse e nas relações dos fatores de produção e no uso do conhecimento.

Outra vez estamos falando de processos pouco uniformes, relacionados com contexto social, evolução da tecnologia e circunstâncias regionais e do momento histórico.

A noção de posse dos bens de produção, salvo dos primitivos instrumentos de caça, iniciou-se aproximadamente 10 mil anos atrás com o advento da agricultura. Além de ser uma das primeiras intervenções importantes no nosso ecossistema, depois da caça e da extração, essa noção de posse dos fatores de produção cristalizou-se quando o homem passou a depender do cultivo da terra para sobreviver.

O fator terra tornou-se vital na medida em que essa dependência aumentava, que as áreas de plantio escasseavam, e em função das limitações da perecibilidade e transporte dos bens produzidos.

As primeiras relações institucionais de mão-de-obra na Europa surgiram com os aparecimentos dos burgos e o desenvolvimento pelos artesãos dos conhecimentos especializados durante a Idade Média.

Com o surgimento das cidades e dos artesãos surgiram as mudanças no domínio do conhecimento e na posse das ferramentas necessárias para a prática do seu ofício. Ambos eram passados de pai para filho, ou dos mestres para os discípulos.

Essa centralização dos artesãos nas cidades permitiu um intercâmbio que levou ao aparecimento das primeiras associações de trabalhadores, que deram origem às corporações de ofício. Elas foram as primeiras instituições a ter alguma influência nas relações de trabalho, no preço dos serviços prestados, além de terem criado as primeiras formas de pecúlio para os artesãos e sua família.

Porém, com o advento da Revolução Industrial, ainda que a posse da terra continuasse a ser importante, deter os meios de produção e da matéria-prima é que passou a ser vital no processo produtivo.

Antes da industrialização, por volta do início do século XVIII, existiam no mundo pouco menos de um bilhão de habitantes, que eram alimentados pelo trabalho de um contingente de pouco mais de 80% da população, que vivia no campo. Hoje são alimentados cerca de seis bilhões de pessoas. Isso é resultado da produção agropecuária gerada por apenas cerca de 10% da população economicamente ativa, que trabalha na atividade.

Isso não poderia ter acontecido sem as máquinas, os implementos, os insumos e as técnicas agrícolas desenvolvidos desde então.

Há algum tempo também já existem indicadores muito claros da redução da importância das indústrias na geração de riquezas, com a mão-de-obra e a destreza humana sendo substituídas pela informática, por máquinas computadorizadas e pela robotização.

Os estudos indicam ainda que uma parcela dessa mão-de-obra está sendo absorvida pela crescente importância das áreas voltadas ao comércio e aos serviços.

Outra nítida tendência é que atualmente as indústrias estão procurando mudar-se das metrópoles e estas estão se transformando em grandes centros de serviços. Isso vem acontecendo por uma questão econômica, tecnológica e até mesmo ambiental.

Soma-se à redução do nível de emprego industrial pela tecnologia o alto custo de manter as fábricas nas grandes cidades e prover aos trabalhadores e às comunidades uma razoável qualidade de vida.

Porém, o grande problema é que o crescimento da migração do campo para as cidades continua bastante acelerado, especialmente nos países ainda não desenvolvidos, e a concentração da urbanização em grandes cidades parece ser ainda um processo em curso.

Espera-se, segundo estudos da ONU, que as megacidades, definidas como áreas urbanas com mais de 10 milhões de habitantes, que eram 16 em 1966, cheguem a cerca de 25, ainda nas primeiras décadas do século XXI.

O quadro abaixo pode nos dar uma idéia do que vem acontecendo com o crescimento da urbanização:

Países	1970	Taxa de crescimento	1995	Taxa de crescimento	2015*
Industrializados	67	10,45	74	6,76	79
Em desenvolvimento	25	48,00	37	32,43	49
Subdesenvolvidos	13	76,92	23	52,17	35
Média	36	25,00	45	22,22	55
Brasil	56	39,26	78	11,54	87

População urbana (em %)

Fonte: ONU *Projeção

Estamos vendo, especialmente nos países menos desenvolvidos, um grande fluxo migratório da mão-de-obra, ainda que não tão contundente, porém similar àquele que aconteceu na agricultura durante a Revolução Industrial.

Nos países industrializados a taxa de crescimento da urbanização é cerca de sete vezes menor que nos países subdesenvolvidos. Inclusive, já existem países que estão seriamente preocupados com a fuga de habitantes das metrópoles.

A Inglaterra experimenta hoje um movimento migratório inverso ao que aconteceu durante a industrialização, com um grande contingente de pessoas fugindo de Londres e outras grandes cidades para viver no campo. Essa migração está reduzindo as áreas de culturas agropecuárias, influenciando as estruturas sociais existentes e sobrecarregando os serviços de educação e saúde das pequenas comunidades.

Mas, de forma geral, as indústrias não estão somente reduzindo a quantidade de empregos por unidade de produção, mas estão também transferindo as suas plantas para fora das grandes metrópoles.

Esse processo está trazendo sérios reflexos sociais que somente não são maiores devido ao crescimento da demanda de mão-de-obra pelo setor de serviços. Porém, mesmo esse fator não é suficiente para deixar de criar bolsões de subdesenvolvimento e miséria, inclusive nos países do primeiro mundo.

Os problemas criados são sérios, pois, de forma geral, a qualificação exigida no setor de serviços é bastante diferente daquela requerida pelo setor industrial.

A própria definição de alfabetização foi modificada para atender as atuais necessidades do mercado de trabalho. Já não se fala mais simplesmente em educação, mas em educação funcional, que corresponde a um nível de alfabetização no qual as pessoas consigam entender instruções técnicas como um manual de instruções de uma máquina.

Ou seja, um economista diria que existem indicações bastante claras de que a relação do peso dos fatores de produção ou a contribuição dos agentes econômicos estão, outra vez, sendo modificados significativamente no processo de geração da riqueza.

E a tendência mostra que os empregos apresentarão características completamente diferentes daquelas que conhecemos hoje.

As atividades que são dependentes de manuseio de grandes volumes de dados, de operações de cálculo e certas destrezas manuais repetitivas estão sendo nitidamente substituídas por sistemas informatizados ou robotizados.

O mesmo está acontecendo com as atividades e os empregos decorrentes da função de *controlar* que estão sendo substituídos pelo *programar* ou quando muito pelo *ajustar*.

Funções que eram exercidas por controladores, calculistas, desenhistas, apontadores e atividades afins estão tendo, de alguma forma, a ser substituídas pelo computador. Da mesma maneira, as atividades mecânicas e repetitivas que dependem da destreza humana estão sendo velozmente substituídas pelos robôs. Hoje, uma linha de produção industrial, especialmente as que utilizam movimentos repetitivos, tende a ser totalmente robotizada.

A tendência de segurança industrial é outro componente importante nesse direcionamento. Atualmente, é até difícil comprar um torno, uma fresa, uma prensa que não venham com um microcomputador acoplado para programar as suas funções operacionais ou uma guilhotina que não tenha dispositivo de segurança com raio laser.

Também os conceitos de relações de trabalho, estabilidade de emprego, seguridade social e de pleno emprego terão que ser repensados pelos economistas, sociólogos, psicólogos e cientistas políticos.

Atualmente, além das formulações contidas em uma série de análises sobre o assunto, podemos acrescentar as previsões feitas pelos estudiosos Beck e Giddens. O próprio título do livro desses pensadores, *A Sociedade de Risco*, já induz a imaginar que em futuro próximo as relações de emprego venham a minorar as incertezas do nível de segurança que, de forma geral, o ser humano sempre buscou.

Ainda nessa mesma linha, Beck, em seu livro *O Admirável Mundo Novo do Trabalho*, apresenta uma nítida separação entre dois modelos baseados nas características de obsolescência embutidas na sociedade industrial. O que chamou de o Primeiro Moderno está fundamentado no estado do bem estar social, em um modelo que previa a linearidade e localidade da produção, o pleno emprego, a seguridade social, os planos de carreira e a estabilidade de emprego.

No outro, que identificou como o Segundo Moderno, cria-se o chamado emprego frágil ou flexível, em que a carga de trabalho é variável, aparecem as atividades de meio-turno e os contratos temporários, em que as pessoas desempenham diversos trabalhos ao mesmo tempo.

Os estudos de Beck, no Ocidente, mostram um quadro pouco animador com relação à segurança do emprego como entendida anteriormente. Isso fica claro no quadro que se segue, feito com dados da Alemanha:

Distribuição da força de trabalho na Alemanha

Período	Percentual de trabalhadores sem vínculo de emprego estável
Década de 60	10
Década de 70	20
Década de 80	25
Década de 90	33
Próxima década*	50

Estimativa de Beck, se mantida a tendência.

Boa parte dessa conceituação está implicitamente baseada na evolução da tecnologia e na influência do processo de globalização em curso, bem como no fator de redução da estabilidade do emprego e da criação da economia informal.

Beck entende que os países desenvolvidos têm mais dificuldades em administrar o problema da economia informal do que aqueles que estão em desenvolvimento, onde essa prática já é uma realidade, como o Brasil.

Não podemos nos esquecer de que o ser humano continuará a ter as suas necessidades básicas de alimentação, vestuário, saúde, educação e precisará ter habitação, infra-estrutura, transporte e serviços essenciais. E, quanto a criar novos desejos, necessidades e anseios por bens e serviços, isso sem dúvida não tem limites.

A própria informática, um dos fatos geradores do desemprego, é também um setor que está criando empregos. A Internet e o comércio eletrônico são provas disso.

E, entre tantas informações e conceitos, fica uma reflexão que parece incontestável: daqui para a frente, o mundo não será o mesmo, pois algumas mudanças tendem a ser definitivas.

Entretanto, imaginar que caminhamos para um beco sem saída somente porque estamos condicionados a outra realidade parece-nos que é dar pouco crédito à criatividade e capacidade de adaptação do ser humano. Algo parecido já aconteceu antes, inclusive na Revolução Industrial, e nós sobrevivemos.

Temos é que repensar as relações de emprego e os novos formatos do trabalho humano para acompanhar o processo que já estamos vivendo, desenvolver novas competências para enfrentar os paradigmas já existentes e nos preparar para o convívio com o que está por acontecer.

Apesar das implicações econômicas no custo dos bens e serviços, pode ser que alguma solução venha através de repensar a carga horária de trabalho e de usufruir desses avanços do conhecimento, especialmente em relação às necessidades de lazer. E a chamada indústria do lazer é, sem dúvida, geradora de muitos empregos.

Tendo em mente que algo parecido já aconteceu antes, basta saber que essas modificações não são homogêneas e nem vão acontecer simultaneamente.

Porém, como já vimos, esse é um processo que além de trazer profundas mudanças sócio-culturais, é extremamente rápido, e nisso é que está a novidade.

As mudanças do mercado

Outro fator com substancial influência nesse processo é a transformação que a informação e a comunicação vêm trazendo na compreensão das características dos mercados em função da crescente importância do consumidor.

Logo após a Revolução Industrial a carência por bens era tão grande que se imaginava que a principal determinante do mercado era a produção. Say, um economista francês, chegou a enunciar uma lei segundo a qual o que determinava o mercado era a produção. No entanto, as crises que se sucederam mostraram que o mercado era bem mais complexo do que Say imaginara.

Apesar disso, até pouco antes dos meados do século XX, as empresas estiveram preocupadas com o volume da produção massificada, pois o mercado praticamente consumia o que era oferecido.

Isso fica bastante evidente pelas colocações de Henry Ford, no início do século:

"Vendemos carro de qualquer cor, contanto que seja preto".

Para avaliarmos a importância dessa postura, somente em meados da década de vinte é que os economistas passaram a considerar em seus estudos o gosto do consumidor, dando início ao marketing.

Somente na década de 50, em função dos resultados obtidos pela economia japonesa logo após a Segunda Guerra Mundial, o enfoque da produção começou a incorporar mais enfaticamente o controle da qualidade.

Graças ao seu sucesso econômico, o Japão passou a exportar para o mundo um conceito de controle da qualidade sistêmico.

Essa metodologia tem como objetivo a criação de uma consciência, individual e coletiva, de gestão e garantia da qualidade dos produtos ou serviços oferecidos ao mercado, abrangendo instrumentos direcionados para o desenvolvimento e racionalização de normas e procedimentos, visando atender fundamentalmente as expectativas do consumidor ou usuário.

Esse método é direcionado ao uso otimizado dos recursos disponíveis, voltados ao aumento da produtividade, à prevenção de desperdícios e à minimização dos erros operacionais.

Isso aconteceu não somente através da busca da eficiência na produção, mas também do crescimento da importância do consumidor e de suas exigências.

Mesmo assim, embora o consumidor já influenciasse o processo produtivo, ele ainda era visto como uma massa homogênea.

Atualmente, o mercado permite identificar o seu direcionamento para dois vetores bastante distintos: um indica que se continuará buscando a produção massificada de bens e outro se direcionará para sua segmentação e diversificação.

A primeira razão para isso é que a revolução da tecnologia permite a produção de bens e serviços em uma escala antes inimaginável. Por sua vez, essa possibilidade de produzir fantásticas quantidades de bens vem geralmente associada a uma enorme flexibilidade, rapidez e capacidade de ajuste nos processos produtivos. Isso permite colocar no mercado não só grandes volumes como facilita produzir uma grande diversidade de bens.

A segunda decorre da evolução da informática e da comunicação, que estão criando um consumidor cada dia mais bem informado, consciente de seus direitos e muito mais exigente.

Esses mercados de massa e "aparentemente" homogêneos foram crescendo e desenvolvendo segmentos e nichos cada dia mais específicos. Tornam-se bastante perceptíveis as crescentes demandas e exigências das crianças, dos adolescentes, dos idosos, dos ambientalistas, dos vegetarianos, dos naturalistas, dos cardíacos, dos diabéticos, dos desportistas, dos solteiros, dos descasados. Podem-se acrescentar a essa lista muitos outros segmentos caracterizados pela estética, cor, raça, religião ou preferência sexual.

Conseqüentemente, observou-se uma mudança de postura do produtor quanto à identificação desses segmentos. O relacionamento do fabricante com o consumidor não só intensificou a comunicação e a troca de informações entre eles, mas também induziu a que esse mecanismo se torne, cada dia mais, uma via de mão dupla.

Além desse aspecto, passou a ser fundamental não somente produzir em quantidade, com produtividade e com qualidade, mas também ser capaz de atender às necessidades de mercados cada vez mais segmentados.

Esses vetores atendem a duas dimensões sociais do ser humano: o seu senso coletivo e a sua individualidade. Esses fatores tornam-se cada dia mais importantes para a análise e o posicionamento do segmento de mercado em que nos encontramos.

As pesquisas mercadológicas têm mostrado que essas características se manifestam de diferentes formas de acordo com as classes sociais e as diferentes fases da vida do ser humano.

Os consumidores mais jovens têm uma tendência maior de buscar a aceitação pelo seu grupo social do que as pessoas mais maduras, por exemplo. Por outro lado, existe nos jovens uma tendência de impetuosidade e de contestação contra o *status quo* que se modifica com a maturidade. Esse é o caso típico do que aconteceu com os *hippies* e com os jovens revolucionários da década de sessenta e setenta que, na sua maioria, acabaram incorporando os padrões sociais vigentes.

Essa crescente segmentação do mercado levou também à obrigatoriedade de fracionamento ou especialização no processo produtivo. A mudança resultante da importância do consumidor passou a ser determinante na complexidade e no custo do processo de produção de bens e serviços.

Em decorrência, é de se esperar que os custos de produção venham a ser afetados de formas completamente diferentes em função dos lotes econômicos, dos acertos de máquinas, da variedade dos insumos e das mudanças nos componentes envolvidos.

No entanto, se por um lado as comunicações e as informações são os fatos geradores dessa crescente complexidade nas empresas, por outro a própria evolução tecnológica apresenta, em si mesma, algumas soluções importantes para esse problema. A informática e a robótica, da mesma forma que criaram mecanismos que aliam aos altos volumes de produção a padronização de qualidade, também trouxeram a flexibilidade e a agilidade nos ajustes necessários ao processo produtivo. O que, por sua vez, colabora para minimizar o problema dos lotes econômicos.

Outro resultado desse cenário é que as empresas passaram a ter uma visão de concentrar-se naquilo que é a razão de ser do seu negócio.

Isso é o que se chama nos novos conceitos de gestão empresarial *Core Business*. Preocupar-se com o cerne do seu negócio é o que está acontecendo em um grande número de empresas que terceirizam ou fazem acordos com fornecedores que passam quase a operar dentro da fábrica.

Esse é um processo parecido com o que aconteceu com a indústria automobilística, que deixou de ter *fábricas,* passando a ter realmente montadoras de automóveis. Tornaram-se mais eficientes, produzem com maior qualidade e reduziram sensivelmente seus custos operacionais e de mão-de-obra.

O PROCESSO DE GLOBALIZAÇÃO

Nas análises sobre a globalização, seus contornos e previsões, o foco das discussões tem sido mais centrado em seus resultados práticos e como eles afetarão os rumos da humanidade, as relações entre os países, os contextos sociais e, mais particularmente, como será afetada a nossa vida pessoal.

O fenômeno traz implicações que incluem diversas ciências sociais, as quais, por sua vez, formulam suas análises tendo como enfoque os fatores e as conseqüências que estão vinculados mais especificamente com a sua área de abrangência.

A maneira como vem sendo colocada essa discussão pode, em alguns casos, dificultar a compreensão e desviar o foco do processo que estamos vivendo como um todo.

A globalização contém conceitos de internacionalização, interdependência e interação sócio-culturais, sócio-políticos e sócio-econômicos que não são necessariamente desconhecidos para o mundo, a não ser nas suas formas e dimensões atuais.

A diferença importante nesse processo é que, anteriormente, existiam fatos geradores mais tangíveis. Eles podiam ser direcionados para a dominação política, a conquista de espaço territorial, a exploração das riquezas existentes, a disponibilidade de mão-de-obra escrava etc.

A dificuldade de se determinar o fato gerador e os seus reflexos foi se acentuando quando estes deixaram de ser baseados em razões tão pragmáticas e passaram para o campo das idéias. Enquanto elas eram religiosas ou político-ideológicas, ainda podíamos visualizar, pelo menos, as motivações que as norteavam. O problema tornou-se mais complexo quando o fato gerador deslocou-se da esfera ideológica e passou a ter origem no exponencial avanço do saber e no desenvolvimento tecnológico, deixando de ter uma conotação política ou religiosa.

Não que o domínio da tecnologia e da informação tenham deixado de ser uma forma de poder que eventualmente possa ser usada politicamente. Só que esse não é mais um poder ou uma vantagem absoluta como era visto no passado. Além do mais, esse poder torna-se menos duradouro, pois o conhecimento não pára de evoluir e a tecnologia "envelhece" com uma rapidez cada vez maior. E as conquistas, atualmente, estão direcionadas menos para o domínio territorial físico e mais para a conquista de um conceito mais abstrato, o "mercado".

Com isso, a expropriação e a imposição tendem a ser substituídas pela busca da satisfação das necessidades e anseios dos consumidores. Ou seja, levado a extremos, o conceito de poder mudou de lugar, deixando de ser uma "imposição" do conquistador e passando a ser uma "exigência" do conquistado.

Conseqüentemente, o que era considerado uma forma de poder político deslocou-se para a esfera do poder econômico. Essa afirmação é sempre questionável, pois mesmo nas guerras de conquista ou religiosas pode-se identificar uma motivação econômica.

Sem dúvida, as motivações mudaram radicalmente e este é um dos motivos de dar-se importância não mais ao fato gerador e sim às suas conseqüências.

Dessa forma, o conhecimento, a tecnologia e seus resultados tornaram-se, praticamente, um bem econômico, passando a ter um valor e uma vida útil.

Visto por esse prisma, mudou completamente o enfoque. O fato gerador tornou-se semelhante a qualquer bem de capital cujo valor precisa ser remunerado e até depreciado. Daí, ele passa a ter uma utilidade econômica e se confronta com os limites da escassez.

Em outras palavras, os fatos geradores são os saltos tecnológicos e do conhecimento humano que estão em um processo de evolução exponencial. Mas são os seus reflexos que tenderão a gerar profundas modificações sociais.[2]

---

[2] *Considerações já apresentadas no livro* Introdução à Globalização, *dos mesmos autores – Celso Bastos Editor.*

A globalização, entretanto, é ainda um processo que ainda não foi completamente compreendido quanto à sua forma, natureza e alcance. Em função disso, esse processo tem sido confundido erroneamente com uma economia completamente globalizada, já existente, o que não é verdade.

Mesmo assim, o fato de atingir-se ou não um estágio em que todas as economias estariam perfeitamente globalizadas é irrelevante sob o ponto de vista do processo de globalização atual, pois seus efeitos já podem ser nitidamente sentidos.

Seria o mesmo que negar que exista um processo de urbanização somente porque ainda existe uma considerável população que continua a viver no interior ou em áreas rurais. Ou negar que a medicina está avançando porque nem todas as doenças foram curadas.

Sob esse aspecto, o avanço do processo, em termos econômicos, é tão ou mais importante do que o ciclo da globalização completar-se por inteiro. Isso talvez não venha a acontecer plenamente, a não ser do ponto de vista teórico[3].

Assim como, por mais que se discuta atualmente uma utópica visão mais solidária nas relações de comércio e política internacionais, é difícil negar que os interesses nacionais estão cedendo em benefício de blocos supranacionais que estão sendo formados.

Essa unidade de propósitos, interesses ou objetivos comuns parece mais consensual quando se trata de temas gerais como crescimento econômico ou estabilidade monetária. Porém, quando as questões vão ficando mais específicas, maior é a tendência de aumentarem as divergências entre as partes.

Por exemplo, um dos maiores problemas do Mercado Comum Europeu está no ajuste da sua agropecuária, que vive diversos estágios de desenvolvimento, com pouca complementariedade, apresentando diferentes vantagens comparativas e sobrevivendo graças a subsídios e à proteção de mercado. O Mercosul passa também por problemas praticamente idênticos. Esses problemas específicos são geradores de pres-

---

[3] *Considerações já apresentadas no livro* Introdução à Globalização, *dos mesmos autores – Celso Bastos Editor.*

sões políticas que, por sua vez, interferem nas decisões econômicas, e vice-versa, criando um ciclo vicioso. Inclusive dentro do próprio bloco, as questões regionais e, em particular, os conflitos políticos podem interferir na resolução de questões econômicas.

Porém, não se pode negar o avanço no processo de globalização, que está claro tanto nos indicadores quantitativos, quanto nos qualitativos.

Nos últimos anos, observa-se que o comércio internacional aumentou 17 vezes, passando de US$ 311 bilhões em 1950, para US$ 5,4 trilhões em 1998, em volume e em termos absolutos. Também o fluxo de empréstimos cresceu significativamente e os investimentos diretos foram multiplicados por 15 nos últimos vinte anos em termos absolutos. Esse aumento também se refletiu com relação ao PIB.

A inovação do processo é que, ao invés de receber investimentos estrangeiros diretos, como tradicionalmente recebiam, os países em desenvolvimento também passaram a receber investimentos de portfólio ou aplicações em ações e títulos de um modo geral.

Quanto ao aspecto qualitativo, pode-se destacar que a forma como se realizam negócios hoje é completamente diferente da do século XIX ou mesmo do período pós-guerra.

Duas instituições vêm se consolidando muito rapidamente nesse processo: as empresas e os capitais transnacionais ou supranacionais. Ambas têm mostrado a necessidade de uma maior compreensão de suas funções, pois escapam completamente aos controles das nações individualmente e, praticamente, não existe legislação que limite sua atuação, nos órgãos internacionais.

As empresas multinacionais se transformaram efetivamente em transnacionais, em todas as acepções do termo. Elas passaram de 6 mil, em 1970, para 60 mil no início do século XXI. Estão presentes com fábricas em vários países, compram os seus componentes em todo o mundo e dependem, cada vez mais, de mercados externos para a colocação de seus produtos. Não importa mais onde está situada a sua sede, pois o capital, fábricas, tecnologia e equipamentos podem ser transferidos de um local para outro. Na verdade, os investidores não precisam mais comprar as empresas, eles apenas compram suas ações, que podem ser negociadas nas Bolsas de Valores ao redor do mundo. Com isso, a sua atuação, salvo quando pressionadas por legislações locais, pode ser bastante conflitante com os interesses nacionais de cada país.

E, como se pode deduzir, também o seu planejamento estratégico deixou de ter vínculos com as legislações de suas nações de origem ou mesmo com relação aos seus objetivos originais. Isso acontece inclusive pelo fato de que a sua avaliação de performance resulta de análises feitas em um fórum neutro, em função de terem suas ações cotadas internacionalmente.

Esse aspecto torna-se claro quando lembramos que o seu objetivo é obter maiores lucros para os seus acionistas, os quais têm as mais diversas nacionalidades e origens culturais.

Algo semelhante aconteceu com o conceito de capital supranacional. Essa instituição criou um novo tipo de capital altamente móvel, sem dono identificável e sem pátria. A sua lógica obedece apenas à lógica do menor risco e dos retornos crescentes.

Sem dúvida, junto com os benefícios, os estragos que esses capitais têm feito nas economias mundiais nestes últimos tempos é enorme. Constantemente, o capital especulativo internacional desafia os governos nacionais de forma geral e não mais somente os países de economia em desenvolvimento. Esse capital, além de ser extremamente volátil, não somente pode abandonar as empresas, mas também os países, a qualquer momento.

A DIVISÃO DOS CUSTOS E DOS BENEFÍCIOS

Resumidamente, o que se pergunta é como será usada essa diferença de "poder de fogo", como serão distribuídos os papéis e de que forma serão rateados os frutos da globalização.

Como vimos, o processo de globalização não tem sido fácil até mesmo para os blocos econômicos que estão em fase de consolidação. A complementariedade de economias está longe de ser atingida, pois os países que compõem esses blocos não têm como característica uma homogeneidade de desenvolvimento e convivem com diferenças de vantagens relativas.

Além disso, existem vantagens relativas herdadas da natureza que a cada dia, estão tornando-se mais importantes. Até porque algumas delas decorrem de recursos esgotáveis e não renováveis.

Isso nos levará a um processo de substituições desses bens ou a um processo de crescente escassez que, por outro lado, é fundamental no processo de formação de preços dos bens econômicos.

Basta notar que as reservas de petróleo estão diminuindo e que qualquer solução para substituir essa fonte de energia exigirá profundas adaptações tecnológicas e até sociais.

A dúvida que naturalmente se impõe nesse cenário é como essa interdependência, resultante do processo de globalização, influenciará as economias de cada nação, pois os seus pesos específicos e as vantagens comparativas são bastante diferenciados e, por conseqüência, também são os seus poderes de barganha.

Vale ressaltar que qualquer mudança nas relações ou nas equações de poder não é um processo de fácil solução. No passado, essas acomodações tiveram um alto custo e algumas dessas alterações foram dolorosas.

A evolução do processo de globalização coloca a todos em um só barco e gera um processo de crescente interdependência. Essa é uma via de mão dupla que nos leva a conviver com mudanças que produzem uma intensa sensação de insegurança.

Aliás, essa sensação deve ser muito parecida com aquela que sentiram os indivíduos que viveram durante os turbulentos anos do início da Revolução Industrial. Mudou o contexto social em que viviam, tiveram que migrar para cidades sem estrutura para absorvê-los e não deve ter sido uma adaptação emocional fácil. A exemplo do que está ocorrendo hoje, os agricultores não estavam treinados para as exigências dos seus novos trabalhos nas indústrias e muito menos para viver nas grandes cidades. O mundo não acabou e, em termos estatísticos, houve uma acomodação social para melhor.

Os levantamentos da ONU mostram que de lá para cá:
- A idade média da população pelo menos duplicou;
- Atualmente cerca de 75% da população tem acesso aos serviços essenciais;
- Mesmo nos países em desenvolvimento a mortalidade infantil vem caindo;
- Entre 60 e 70% das pessoas vivem em condições melhores do que viviam antes;
- Vêm sendo reduzidos os níveis de desnutrição.

Evidentemente, poderíamos ter feito muito melhor, pois hoje temos condições de produzir bens em escalas antes inimagináveis e a custos muito menores.

Um dos problemas mais preocupantes é a forma como se ajustará o processo de globalização entre as diversas regiões do mundo, que vivem atualmente em diferentes níveis de desenvolvimento.

Existem razões para justificar a tese de mudanças mais bruscas do que alguns de nós estamos esperando:

- O progresso econômico e o avanço da tecnologia já estão modificando de forma significativa a equação dos recursos naturais, da produção, do capital e do trabalho;

- A nova era industrial ou pós-industrial, como chamam alguns, está seriamente vinculada ao acervo de conhecimentos e à atualização da formação educacional de seus quadros sociais. Isso já está se refletindo em mudanças na disponibilidade, nas relações e nas formas de trabalho e poderá resultar em grandes diferenças de salários;

- O processo de globalização traz a necessidade de mudanças nas regras de controle das economias nacionais, que se acentuam com o crescimento e a proliferação das empresas e dos capitais transnacionais;

- Quanto aos capitais financeiros transnacionais, as previsões têm sido catastróficas. Para alguns, com os estragos que já estão fazendo, é só uma questão de tempo para que seja criada uma forma de regulamentação.

Isso nos leva à sensação de risco iminente que decorre do aumento das desigualdades entre as nações, do estreitamento do raio de ação dos governos, dos conflitos de interesses, das visões nacionais sobre a eficácia dos mecanismos, da reavaliação de conceitos sobre democracia, capitalismo e de suas relações de poder.

As desigualdades entre os diversos países estão se tornando um ponto crucial nesse processo, pois acompanhar o ritmo do desenvolvimento do conhecimento e da tecnologia ou usufruir suas aplicações pressupõe uma massa crítica intelectual e um nível mínimo de educação que a maioria dos povos em desenvolvimento não têm. Enquanto essa diferença de educação existir, as desigualdades sociais tenderão a crescer.

Evidentemente os reflexos da globalização nas relações políticas, sociais e econômicas de cada país, no segmento social ou no indivíduo, não serão homogêneos e nem ocorrerão na mesma velocidade. Portanto, é de se esperar que, pelo menos durante um certo período, uns ganhem e outros percam.

Em artigo, o professor Paul Kennedy[4] analisa as possíveis chances dos países ganhadores e perdedores com as mudanças econômicas e tecnologias preconizadas para este século e propõe algumas razões do sucesso dos Tigres Asiáticos e suas chances por um lugar ao sol nessa corrida, juntamente com a África Subsaariana, o Oriente Médio e a América Latina. Como era de se esperar, sua análise não leva a um quadro homogêneo por região, mas a um quadro irregular, dependendo da reação dos países em desenvolvimento às forças pró-mudanças. As razões passam pelas limitações demográficas naturais, pelos enraizados aspectos culturais, pela taxa de crescimento econômico *vis a vis* a demográfica, pela massa crítica intelectual já existente e, finalmente, pela postura que os países têm com relação ao fluxo de integração do comércio exterior. Os países que não se abriram à competição externa e com alto grau de intervencionismo estatal conseguiram, no curto prazo, manter a produção local, mas, ao longo do tempo, tornaram-se menos eficientes do que aqueles que se direcionaram e se expuseram ao mercado internacional.

É cada dia mais perceptível que algo deve ser feito, e rapidamente. Porém, o direcionamento das soluções e o rateio dos custos e dos benefícios estarão vinculados à crescente interdependência econômica, à consciência da relatividade do poder e aos riscos das instabilidades sociais. Com isso, as nações desenvolvidas provavelmente farão concessões mais em função do medo de ter de pagar a conta do que devido a utópicas visões altruístas.

AS CRÍTICAS À GLOBALIZAÇÃO

Em praticamente uma década, a globalização está deixando de ser encarada como solução para o desenvolvimento da humanidade e passando a receber críticas de diversos setores da sociedade.

---

[4] Paul Kennedy - *"Preparando-se para o século XXI"*, in Revista Política Externa *(Editora Paz e Terra e Núcleo de Pesquisas em Relações Internacionais e Política Comparada da USP)* – *Junho de 1993.*

O problema é que, junto com os benefícios, estamos sentindo também os custos sociais, econômicos e ambientais. Pois, como já apontamos, as mudanças geradas por esse processo não são homogêneas, não acontecem ao mesmo tempo, impactam complexos sociais heterogêneos e nos mais diferentes níveis de desenvolvimento.

Nesse contexto, as críticas tornam-se procedentes, pois decorrem de avaliações e previsões específicas dos contornos desse fenômeno e, geralmente, estão centradas em como seus resultados já afetaram ou afetarão setores particularizados, como os níveis de emprego, as distâncias sociais, o nosso meio ambiente e, por decorrência, em como isso se refletirá em nossa vida como indivíduos.

Mas, em alguns casos, da forma como a discussão vem sendo colocada, pode-se perder o foco. As transformações são tantas, o seu impacto é tão profundo e as interdependências das mudanças são tão intrincadas que a nossa cabeça pode até entendê-las, mas nem sempre a nossa emoção consegue administrá-las facilmente.

Estamos tomando consciência de que, da mesma forma que os sistemas físicos, os sociais também são interdependentes, interagem entre si, retroalimentam-se e vivem em um instável equilíbrio dinâmico e, não raro, resultam de uma lógica nebulosa ou caótica. Nesse contexto, fica difícil identificar o que é fruto do que e para onde as mudanças estão nos levando, implicando conviver com um desagradável sentimento de insegurança.

O que não podemos nos esquecer é que, excetuando-se aquilo que deriva da própria dinâmica dos sistemas universais e da natureza, tudo o que acontece conosco e ao meio ambiente é fruto de nossa intervenção.

O saber, em todas as suas formas e em suas diferentes aplicações, é o elemento aglutinador e multiplicador que vem promovendo as profundas modificações nas ciências e nos complexos sociais. Ele influiu nas transformações das estruturas das sociedades, reformulou a visão do uso dos recursos naturais, provocou a consciência ecológica, encurtou distâncias, possibilitou ao mundo comunicar-se mais facilmente, mudou a importância do consumidor no mercado, dinamizou os meios de produção e reformulou as relações entre os agentes econômicos.

Além disso, o avanço do conhecimento é o elemento ativo da ciência e de todos os processos que envolvem a tecnologia, refletindo-se no avanço da informática, da robotização, da comunicação, da genética, da engenharia, da medicina e assim por diante.

O fato mais relevante é que esse mecanismo cumulativo saltou de um crescimento aritmético para uma evolução exponencial nos últimos tempos e, provavelmente, mal estamos enxergando a ponta desse imenso iceberg.

Essa diferença entre o salto dos conhecimentos e a inércia das mudanças da sociedade e das suas instituições está criando um enorme fosso e constantes choques entre elas. O problema é que essas tendências somente serão revertidas através de profundas mudanças sociais, culturais e comportamentais, que são vagarosas.

Até recentemente as relações do homem com o meio ambiente foram pautadas por uma atitude cultural antropocêntrica, através da qual assumimos que a natureza estava aí só para nos servir. Mas a coisa não é bem assim. As ciências físicas e biológicas nos ensinaram que os sistemas que sobrevivem por mais tempo são aqueles que melhor se adaptam ao seu meio ambiente. E somos apenas mais um sistema inserido, integrado e interdependente de sistemas maiores.

Esse desajuste cria uma pressão não apenas ambiental ou econômica, mas principalmente social. Nós não paramos de procriar, especialmente nos países menos desenvolvidos, e, de modo geral, estamos sempre gerando novas necessidades, utilizando mal a natureza herdada e exaurindo os recursos naturais.

Além de o crescimento populacional aumentar assustadoramente, acrescentando mais de 80 milhões de seres a cada ano, o avanço da tecnologia nas ciências biológicas e na medicina tende a reduzir a mortalidade infantil e dilata significativamente a sobrevida do ser humano.

Os conceitos de interdependência e interação sociais, políticas, culturais e econômicas, intrínsecos da globalização, não são desconhecidos a não ser quanto às suas formas e dimensões atuais. Entretanto, a diferença importante nesse processo é que atualmente ele se orienta para um conceito bem mais abstrato, o mercado, e tem como pano de fundo o exponencial avanço do desenvolvimento tecnológico. O que nos mostra a importância que tem o conhecimento quando ele é aplicado em tecnologia de produção. Já sabemos que ela pode ser utilizada em benefício ou não do homem. Porém, é fundamental também compreendermos que os recursos tendem a tornar-se mais escassos quando a demanda, criada pelo aumento da população, é maior do que sua disponibilidade, sua geração ou sua renovação. E isso depende de decisões que nós tomamos.

No caso do meio ambiente, somente teremos um aumento de produção de bens e serviços – com sustentabilidade ambiental, com tecnologia limpa e sem depredar os recursos naturais – quando houver uma séria mudança nessa visão antropocêntrica e promovermos as transformações culturais e sócio-comportamentais necessárias. Ou seja, quando tivermos a lucidez de entender que viveremos mais e com melhor qualidade na medida em que nos adaptarmos aos demais sistemas e a sistemas ainda maiores. Indiferente da visão que tenhamos deles.

AS NOVAS FRONTEIRAS DA TECNOLOGIA

A evolução do conhecimento e, por decorrência, o desenvolvimento da tecnologia no último século têm como resultante profundas modificações, tanto nas chamadas ciências exatas como nas ciências sociais. Porém, o progresso das ciências é um fato gerador e concomitantemente o grande beneficiário da evolução da tecnologia.

Até recentemente, as ciências sociais estiveram sempre mais preocupadas com os conhecimentos dos princípios, das leis de formação e da mecânica dos fenômenos. Mas a sua visão isenta e as rigidezes de seu processo lógico de chegar às leis e aos princípios sempre foram os mesmos.

Nas ciências sociais o conceito de precisão nunca foi tão rígido em seu aspecto quantitativo, por tratar de universos cuja lógica é baseada nos grandes números e influenciada por características peculiares de cada complexo social.

Buscava-se uma completa separação entre o observador e o objeto analisado. Ainda que isso seja desejável do ponto de vista da análise científica, nas ciências físicas e exatas que tratam do microcosmos ou do macrocosmos, já descobrimos que nem sempre é possível.

Os limites a que chegou a moderna física chocam-se frontalmente com a lógica clássica, pois, entre outras coisas, está provado que a simples presença de um observador influencia o resultado de uma experiência no mundo do microcosmos.

Com a evolução do conhecimento, os cientistas e pensadores passaram a esbarrar em outros limites e barreiras mais delicadas do que aquelas compreendidas nos limites da ótica da lógica clássica.

Nas chamadas ciências exatas, esse avanço tecnológico e os instrumentais disponíveis evoluíram de forma tão significativa que permitiram que fossem explorados e ampliados os limites do conhecimento no macro e nos microcosmos.

Porém, somente os cientistas especializados nesses campos limítrofes do saber conseguem visualizar os fenômenos ou pensar nesse grau de raciocínio tão abstrato. Para nós, simples mortais, é extremamente complicado compreender, por exemplo, que a medida de um átomo é cerca de 1/5.000 a 1/2.000 da largura de uma onda de luz amarela.

Pelo menos na física, a partir daí tornou-se necessária uma flexibilização dos conceitos, que fica evidente nas palavras de um dos grandes pensadores da atualidade:

> *"A lógica pode ser entendida como o estudo dos processos pelos quais certas sentenças ou proposições podem ser deduzidas de outras. Desde a época de Aristóteles um dos princípios da lógica é o da não contradição. Ela estabelece a impossibilidade de que uma sentença qualquer e sua negação sejam ambas verdadeiras (.....)".*[5]

A grosso modo e na nossa experiência cotidiana é assim que as coisas são e é por isso que a lógica clássica tem o seu campo de atuação.

Mas acontece que, quando determinados campos da ciência evoluem e se tornam mais complexos, as contradições aparecem.

Da necessidade de tornar compatíveis as teorias que surgiram no século XX, como a relatividade geral e a mecânica quântica, que são contraditórias quando vistas pela ótica da lógica clássica, nasceu a lógica paraconsistente.

Com a lógica paraconsistente introduziu-se o conceito da "quase verdade científica" ou da "verdade pragmática". Ou seja, nenhum co-

---

[5] Newton Carneiro Affonso da Costa, *"A lógica da liberdade"*, in Folha de S. Paulo – *30/11/97*

nhecimento é absoluto, definitivo, seguro e de aplicação geral. Entretanto, não é necessariamente falso e sim, de fato, quase verdadeiro. Mais dia menos dia, também as ciências sociais terão de assimilar esses conceitos.

Como podemos notar, o conhecimento científico era, sem dúvida, um campo menos movediço para a mente humana até a chegada desses conceitos.

UM RÁPIDO HISTÓRICO DO CONHECIMENTO

O saber evolui desde que o homem apareceu na Terra, com os primórdios dos mecanismos instintivos e genéticos de preservação da espécie, com o desenvolvimento dos primeiros agrupamentos tribais e posteriormente com a tribo expandida, nos grupos socialmente mais complexos.

O acúmulo de conhecimentos começou desde o controle do fogo, as armas primitivas, o uso da tração animal e os primeiros mecanismos de comunicação verbal, sonora e visual através de pinturas nas cavernas etc., que, ao serem passados de uma geração para outra e agregarem novos patamares, foram criando uma evolução cumulativa.

Outros conhecimentos, porém, são formulados antes de comprovados, ou imaginados antes de acontecerem, como o helicóptero de Leonardo da Vinci, o submarino de Julio Verne, a viagem à Lua etc.

Nem todos os caminhos trilhados pelos pensadores trazem contribuições concretas ao conhecimento, levam à solução de problemas ou a verdades imutáveis. E, não raro, o próprio avanço do conhecimento reformula, corrige ou invalida algumas dessas verdades.

Em decorrência dos anseios, necessidades e criatividade humanas, existem ainda imensuráveis barreiras a serem transpostas e infinitas possibilidades de coisas, leis, teorias ou relações para serem imaginadas e depois acontecerem, serem comprovadas, utilizadas ou não.

Esse desenvolvimento não foi homogêneo e durante milênios o saber passou por saltos importantes ou estagnação em determinadas épocas, setores ou em algumas civilizações.

As razões para esse processo são as mais diversas, estão relacionadas com as características do meio ambiente, com a história e a evolução do contexto social ou com a visão das coisas e seu contexto, que continuam a ser estudadas e para as quais ainda não temos todas as respostas.

Cabe lembrar ainda que, no Ocidente, somente há cerca de 2.500 anos o conhecimento passou a ter uma metodologia de raciocínio lógico formatado. Isso aconteceu durante a fase do empirismo filosófico, que começou com os gregos e teve em Aristóteles um de seus principais expoentes.

Esse conceito foi formatado em uma época em que a filosofia, a ciência e a religião ainda não estavam conceitualmente separadas. Ele era decorrente de uma visão mais ampla e englobava as sensações, a intuição e o conhecimento desenvolvido pelo intelecto e o espírito.

Posteriormente, o conhecimento racional gerador do conhecimento científico foi separado do conhecimento intuitivo, que ficou mais identificado com a religião.

Segundo essa escola de pensamento, o conhecimento humano origina-se somente daquilo que é levado à mente pelos sentidos ou pela experiência. O método de raciocínio estava basicamente atrelado ao método indutivo e o conhecimento era adquirido *a posteriori* da experiência. Era a fase do que poderíamos chamar de ver para crer.

O próximo passo surgiu com a escola racionalista, que, por sua vez, tinha na razão a fonte do conhecimento e partia do pressuposto de que a verdade é encontrada pela análise racional das idéias, independentemente da necessidade da experimentação, dos dados empíricos, das atitudes emocionais ou de pronunciamentos de autoridade.

Ou seja, o racionalismo permitiu a introdução do raciocínio lógico e abstrato nas ciências, ampliando o seu campo de entendimento além da necessidade *a priori* da experimentação e da prova empírica. Passou a ser a época do imaginar e provar logicamente para compreender.

Mesmo assim, o saber continuava a esbarrar em limitações na capacidade de armazenamento de informações, na velocidade de cálculos e em instrumentais de medição e avaliação.

Essa é uma relação de interdependência em que o progresso das ciências é um fato gerador e também o grande beneficiário da evolução da tecnologia. Por sua vez, ambos também podem se limitar mutuamente.

Com o desenvolvimento da tecnologia, a evolução nas comunicações e a criação da informática foi possível ter uma aceleração espantosa na velocidade e profundidade de modificações, tanto nas chamadas ciências exatas como nas ciências humanas.

Quando o acúmulo de informações e de experiências gera uma evolução no saber e quando esse conteúdo de conhecimento agregado é passível de ser, associado ou individualmente, aplicado de forma prática em algo que direta ou indiretamente influencie o ser humano, ele é chamado de ciência aplicada.

Parece evidente que saber *o porquê* é a forma mais própria do conhecimento das chamadas ciências puras, da mesma maneira que o saber *o como* é mais próprio das ciências aplicadas e o saber *fazer isso* se relaciona com o conhecimento da técnica e a destreza para executar algo.

Por outro lado, essa evolução do conhecimento acontece tanto nas chamadas ciências exatas como nas chamadas ciências humanas e dependeu muitas vezes de sua associação para gerar resultados.

Esse processo torna-se bastante evidente ao verificarmos que a Revolução Industrial começou como fruto da utilização da força mecânica gerada pelas máquinas a vapor, mas também decorreu da aplicação de um conceito social abstrato como a divisão de trabalho, formulado por Adam Smith.

Ele formulou os três princípios da divisão de tarefas ao concluir que isto propiciava:

- Um aumento da destreza quando um trabalhador fazia repetitivamente uma tarefa específica;
- Uma redução de despesas decorrente do ganho em tempo quando não se muda de uma fase de produção para outra;
- Um desenvolvimento natural de ferramentas especializadas para a execução de um trabalho restrito.

A Revolução Industrial é fruto da soma de conhecimentos em áreas completamente diferentes, envolvendo a aplicação do desenvolvimento da tecnologia de transformação da energia em força mecânica e de formulações conceituais, de caráter sócio-comportamental, decorrentes da observação do aumento de produção promovido através da divisão de tarefas.

Como vimos, além do contexto social, o momento histórico e, às vezes, a própria tirania das circunstâncias têm que convergir para que um conhecimento possa vir a responder a uma necessidade do ser humano.

Cerca de 50 anos após, Charles Babage acrescentou aos princípios enunciados por Adam Smith o princípio da habilidade limitada como forma de pagamento. Ele provou matematicamente que ficava mais barato pagar ao trabalhador pelas tarefas restritas a fases do processo de produção do que pelo seu envolvimento no processo inteiro. Ambos podem ser considerados os pais da administração na fase de transição do artesanato para a industrialização.

Posteriormente, Taylor, Fayol e outros tantos que se seguiram transformaram a administração em uma ciência, enfocando os seus diversos aspectos. Ela passou da ênfase nas tarefas para a estrutura organizacional, para a importância do ser humano no processo, para a evolução da tecnologia, para a atual visão ambiental e de como enfrentar a era da incerteza das transformações.

Por mais óbvio que possa parecer, o conhecimento e as suas aplicações práticas em tecnologia são resultantes da mente humana, pois quem tem as idéias, as organiza e as aplica são os homens.

O saber, as formas como o usamos e a maneira como nos comportamos são, na realidade, a força motriz das transformações que estão ocorrendo em todos os setores da vida humana e delas derivam os benefícios e os custos que pagamos. E isso acontece também nas instituições que criamos e, portanto, nas empresas.

OS REFLEXOS MAIS VISÍVEIS

A evolução do saber no último século ainda não gerou todos os seus frutos, mas já podemos sentir seus primeiros resultados. Voltamos a lembrar que ainda estamos vendo apenas a ponta de um incomensurável iceberg.

O importante é que algumas das resultantes da tecnologia desenvolvida e suas aplicações estão modificando profundamente as tecnologias disponíveis nos mais diversos campos do conhecimento, além de influir e determinar os referenciais de comportamento social.

Em algumas áreas da engenharia, geologia e arqueologia, são os sensores e os instrumentos eletrônicos de medição os grandes alavancadores da evolução tecnológica. Na biologia e na medicina as novas técnicas, as novidades farmacológicas, os avanços no instrumental de análise, os transplantes e os avanços na engenharia biogenética representam o atual estado da arte. No entanto, esse quadro evolui diariamente e parece que a clonagem de animais e futuramente de órgãos humanos já vieram para ficar. Teoricamente, já é possível fazer-se intervenções cirúrgicas robóticas. Isso acontece hoje com a assistência de um cirurgião. E no futuro?

Na agricultura e na pecuária as transformações também são importantes, ainda que as condicionantes herdadas da natureza sejam limitadoras do processo, pois ainda não podemos influir no período de gestação, na sazonalidade, no regime climático, na época de plantio ou desenvolvimento de um vegetal. A biogenética, a plotação por satélite, as técnicas de informações meteorológicas, as sementes e mudas selecionadas e adaptadas, o cruzamento de precisão, as formas transgênicas, as matrizes aclimatadas, os modernos equipamentos e as novas tecnologias de plantio, manuseio, manejo, rotação de culturas, colheitas, embalagem e estocagem são alguns avanços significativos na produção e na produtividade agrícola.

Os telescópios e as estações orbitais, as viagens dos astronautas, as imagens televisionadas da Lua, Marte e galáxias a milhões de anos-luz já não conseguem manchetes em primeira página de jornais há algum tempo. Recentemente, cientistas do Instituto de Innsbruck, na Áustria, publicaram na revista *Nature* a possibilidade de teletransporte de matéria. A comprovação experimental foi feita por fótons que foram desintegrados e reagrupados quanticamente através de um filtro de polarização em outro lugar.

Também já aparecem formas concretas de aplicação das novas teorias, como os computadores quânticos. Baseado nas leis da mecânica quântica, desenvolvidas por Planck, já foi apresentado o esqueleto de um computador quântico, que poderá ser realidade em pouco tempo.

Os programas quânticos já existem e já foram "rodados" por um grupo de cientistas da IBM liderados por Isaac Chuang, através da ressonância magnética e moléculas de clorofórmio.

O computador poderá ter o tamanho de uma calculadora de bolso e fazer, em frações de segundo, operações que demorariam meses nos supercomputadores mais potentes existentes atualmente.

Há pouco tempo, as sondas espaciais da NASA passaram a utilizar sistemas de redes neurais, que procuram imitar o funcionamento do sistema nervoso dos animais. As modernas redes neurais procuram reproduzir o comportamento inteligente mediante a imitação de sistemas nervosos biológicos. Ou seja, as inteligências artificiais, ainda que incipientes, não estão longe de reproduzir o mecanismo das inteligências biológicas menos complexas, pelo menos quanto à forma como elas funcionam.

As redes neurais artificiais já vêm sendo aplicadas para reconhecimento e classificações de padrões em imagens aéreas, em radiografias, em meio ambiente, além de áreas econômicas e financeiras.

No entanto, toda essa evolução do saber começa a gerar uma série de choques culturais, éticos, conceituais, que estão produzindo mudanças radicais da realidade em que vivemos. Elas, além de não serem fáceis de serem entendidas, são menos ainda de serem assimiladas.

Como era de se esperar, atualmente isso ocorre com uma freqüência muito maior em função das diferenças existentes entre as dinâmicas da evolução da tecnologia e da sociedade. Não só os homens como também as instituições não se prepararam para tantas mudanças. Assim, os confrontos culturais, éticos e conceituais afloram e provocam dúvidas e uma constante sensação de mudança e questionamentos quanto a valores instituídos.

A clonagem, a gravidez extra-uterina, as mães de aluguel, a reprodução de órgãos em animais para transplantes em seres humanos, o uso ou não da engenharia genética na produção de alimentos transgênicos, os contornos da privacidade do homem e as dúvidas sobre a realidade e o limite das coisas são apenas o princípio de uma série de questões éticas e morais que estão ainda por vir.

O MUNDO REAL E O VIRTUAL

A revolução tecnológica, especificamente na área da informática e da comunicação, fez surgir uma nova relação entre a imagem, a linguagem e o som. Esse é um salto tecnológico de proporções comparáveis à invenção da imprensa.

Essa nova formulação é chamada de imagem de síntese e decorre da imagem digital, formadora de uma nova linguagem que revoluciona os métodos de representação e introduziu profundas mudanças nos nossos hábitos visuais.

A imagem digital surgiu através de uma outra linguagem, a matemática binária ou a linguagem dos computadores. Com ela, as imagens de síntese, que são essencialmente abstratas, passaram a oferecer um aspecto material bem visível.

E estamos falando de um avanço científico que tem um pouco mais de cinco décadas de existência e ainda não teve seu potencial plenamente explorado.

As imagens anteriores aconteciam através de atritos entre materiais de diferentes tensões superficiais, impregnações de tinta em papel ou em telas, moldagem de metais, em pedra ou argila e, mais recentemente, pela sensibilização da luz em superfícies fotossensíveis.

Essas imagens se transformavam em cópias estáticas, fotografias, esculturas, pinturas, livros etc., ou mesmo, quando dinâmicas, estavam condicionadas à sensação visual de movimento, como nos filmes de cinema.

Mas as imagens infográficas e os símbolos digitados no teclado de um computador são enviados e traduzidos pela lógica cibernética em universos de luz, cores e imagens dinâmicas. Elas podem imitar a natureza ou criar as mais diversas emoções e formas idealizadas, com as propriedades mais desconcertantes.

Isso leva a imagem e a linguagem a deixarem de ser estáticas e tornarem-se um instrumento de comunicação ou sensibilização artística. Ampliam-se seus limites e transformam-se em um instrumento de trabalho eficaz, uma forma de poder econômico, um meio de escrita funcional, uma forma de estreitar relacionamentos sociais ou de promoção e comercialização de produtos.

Além disso, a imagem de síntese tem a faculdade de tocar os sentidos do espectador, criando um forte impacto, pela produção de imagens altamente realistas, e podendo causar impressões físicas, que vão literalmente do medo ao prazer, apesar de não ser realidade.

Os simuladores de vôo, usados nos treinamentos de astronautas e pilotos da aviação civil e militar, são um exemplo desse mecanismo, pois criam toda a atmosfera de realismo sem que existam os riscos da realidade.

A potência desse instrumento é tão grande em termos de mexer com a nossa emoção e razão que esse é o motivo de estar se tornando cada dia mais usado para promover produtos ou efetuar vendas. Há algum tempo, compram-se CDs e livros via Internet, em empresas virtuais, o que cria a desmaterialização e o desaparecimento de fronteiras nas transações. O mesmo ocorre com os fornecimentos de insumos, máquinas ou matéria-prima para as empresas que utilizam o *business to business* para suprir suas linhas de produção.

A própria Internet ultrapassou em muito as legislações nacionais e internacionais existentes, pois até os documentos físicos passaram a ser registros em memórias eletrônicas.

Se pensarmos em termos da moderna holografia, a necessidade da espacialidade da imagem virtual poderá a vir a desaparecer, pois a imagem virtual simplesmente surge sem que seja necessária a existência de qualquer suporte físico. A televisão holográfica poderá não ter tela, por exemplo.

Porém, apesar de ser essencialmente abstrata, quando você interfere nesses "campos" que constituem essas imagens, você tem a capacidade de mexer com a realidade propriamente dita. Ou seja, no momento que são acessados os símbolos dessa imagem, através de linguagem adequada, pode-se conseguir interferir na realidade.

A realidade se constitui de certa maneira por uma materialização, como em um bolo que tem na sua constituição vários elementos, como fermento, farinha, ovos, leite etc. Quando essa imagem é alterada cortando o bolo, nós estamos ao mesmo tempo alterando a imagem do material, mas não sua constituição básica, que continua contendo a mesma realidade. Ele é o mesmo bolo ainda, não mais inteiro.

Existem máquinas complexas, como as de um avião de guerra ou dos satélites orbitais, que ultrapassam os limites do campo visual humano. Elas não só reconhecem os contornos das formas como também são capazes de interpretar o campo visual e de representação próxima ou distante de um ambiente. Na realidade, elas não estão nos vendo, mas tendo uma leitura através de sensores de calor, de ondas magnéticas, de raios ultra-sônicos ou de qualquer outra forma.

Como o mecanismo funciona através de codificação e decodificação de símbolos, as funções de análises e interpretações podem também ser transferidas automaticamente para o computador. Com isso, alguém ou até o computador pode "decidir", dada uma lógica nele implantada, qual deve ser a ação a ser tomada. Aliás, esse mecanismo já é utilizado em análises de solo e do meio ambiente para beneficiar a agricultura ou em outras atividades industriais e até bélicas.

A mesma lógica já serve para os modernos microscópios eletrônicos, pois a sua imagem não é "visualizada" diretamente ou refletida, e sim percebida através de imagem de síntese e retransmitida para um vídeo, por exemplo.

Esses casos servem para nos dar uma idéia do que se espera em futuro próximo. Essa revolução que o mundo vem atravessando, entretanto, nos coloca frente a dúvidas conceituais e éticas ainda mais profundas, pois os limites do que é real e do que é virtual tendem a cada dia se tornar menos perceptíveis.

OS IMPACTOS NO SÉCULO XXI

Fatalmente, todas essas mudanças nos levarão à necessidade de questionar e repensar diversas questões práticas, estéticas, éticas, filosóficas e sócio-comportamentais.

Em função dessas transformações e das conseqüências sociais que se apresentam na entrada desse milênio, criou-se uma forte e generalizada insegurança vivencial. O que sentimos é algo como estar caminhando em uma estrada com um piso movediço, com muitas direções.

O problema é que a revolução pós-industrial tem uma velocidade muito maior e é mais contundente que a anterior.

Existe para o ser humano, além da dificuldade de absorção e adaptação às informações geradas em grande volume e velocidade, a possibilidade de que os benefícios e os custos econômicos e sociais possam ser muito altos e mal distribuídos.

Uma das coisas que a cada dia parece mais evidente é que as mudanças ou rupturas nos sistemas, tanto físicos como sociais, acontecem após um período de instabilidade ou desequilíbrio sistêmico.

Esse conceito foi formulado pelo prêmio Nobel de físico-química de 1977, Ilya Prigogine. Segundo ele, na medida em que os sistemas ficam mais complexos, também tornam-se mais dissipativos ou instáveis, em função da tensão dinâmica entre o caos e a informação.

Curiosa é a semelhança existente entre a teoria dos sistemas dissipativos e o texto de John C. Calhoun, escrito há mais de um século:

> "*O intervalo entre a decadência do antigo e a formação e estabelecimento do novo constitui um período de transição, que sempre deve ser marcado pela incerteza, pela confusão, pelo erro e pelo fanatismo selvagem e implacável.*" [6]

AS APLICAÇÕES NAS EMPRESAS

Os grandes cientistas e físicos do século XX chegaram a alguns conceitos e teorias, que já estão e continuarão trazendo contribuições para áreas do conhecimento nas ciências humanas.

Os cientistas estão buscando na Teoria do Caos, que foi desenvolvida para explicar fenômenos da física, respostas para conceitos abstratos de economia como o Teorema de Pareto e a utilidade marginal.

Essas não são as únicas similaridades ou relações que encontramos entre os sistemas físicos e os sistemas sociais, pois, inclusive, existem conceitos e leis da física que podem ser transpostos para comportamentos e fenômenos que encontramos nas empresas.

Procurando identificar alguns conceitos e teorias da moderna física que podem ser aplicados nas empresas, encontramos algumas relações bastante interessantes:

- Apesar de parecer óbvio, a evolução da tecnologia, o crescente processo de globalização, a internacionalização financeira, a universalização dos mercados etc. nos mostram que as empresas estarão convivendo com um ambiente muito mais complexo e em constante mudança.
- Os gestores das empresas devem estar conscientes de que, em função das mudanças pelas quais o mundo vem passando, elas estarão vivendo em um ambiente muito instável, que também se refletirá nas suas estruturas organizacionais. Para ter sucesso, eles terão que identificar esses reflexos internos e adaptar a empresa às modificações que estarão ocorrendo no seu meio ambiente.

---

[6] *John C. Calhoun (1782-1850) - Político e filósofo americano - Citação extraída de David Harvey,* In Conditions of Postmodernity — *6ª edição traduzida – Editora Loyola, 1996, Pág. 114*

- A massa crítica é outro conceito extremamente importante, pois no microcosmo as leis da física tornam-se consistentes a partir de uma certa quantidade de elementos envolvidos na experiência. As leis da física são relativamente imprecisas na proporção do tamanho do universo de átomos ou moléculas envolvidos na experiência. Só a partir de um determinado tamanho é que as elas se apresentam de forma razoavelmente correta. Isso também é verdade para as empresas. Grandes sistemas chegam a um estado crítico no qual um evento mínimo gera uma reação em cadeia e, a partir daí, leva a um novo estado de ser. Nas empresas o mesmo acontece nos dois sentidos, positivos e negativos. O momento em que a massa crítica ocorre é o estado crítico, quando pequenas mudanças no volume, na temperatura, na pressão ou outro fator ou momento certo podem provocar sérias repercussões nos sistemas. Um grão de areia a mais em um monte já em estado crítico pode criar uma avalanche.
- De acordo com o Teorema de Bell não existem sistemas isolados. Eles todos sempre interagem entre si.

A formulação que se segue é bastante singela frente à complexidade de seu enunciado, mas basicamente ele pode ser resumido em:

"Não existem sistemas isolados e cada partícula no Universo está em comunicação instantânea, portanto mais rápida que a velocidade da luz, com as demais partículas no Universo. O sistema inteiro opera instantaneamente mesmo que as partículas estejam separadas umas das outras por distâncias cósmicas, pois funciona como um Sistema Completo."[7]

Se pensarmos em aspectos sistêmicos, os economistas já identificaram, há tempos, os conceitos que mostram essas interdependências, as relações de causa e efeito e as formas pelas quais a macroeconomia interfere com as atividades empresariais. Da mesma forma, praticamente todos os empresários já sentiram "na carne" que mexer no preço de um produto cria uma reação imediata dos consumidores e dos concorrentes.

---

[7] *Wilson Robert Anton.* Prometheus Rising, *1983 – Pág. 239/241*

Parece ser um bom exemplo desta inter-relação sistêmica a interdependência que existe entre o sistema social e a economia, o sistema econômico e a administração das empresas, a administração e o sistema de gestão e o sistema de gestão e o homem. Para fechar esse círculo, lembramos que os sistemas sociais decorrem do comportamento de suas células menores, os próprios homens.

As previsões de desenvolvimento tecnológico, econômicas ou mercadológicas são sensíveis a variáveis aleatórias e incontroláveis de incerteza. A maioria dos nossos projetos, empreendimentos ou investimentos nos mostra que esta premissa é verdadeira. Esse é quase o enunciado da Teoria do Caos, que foi formatada como um instrumento para entender flutuações irregulares ou desordenadas na natureza e, atualmente, vem sendo utilizada para explicar as flutuações e alguns fenômenos dos sistemas econômicos e sociais. Essa teoria foi desenvolvida quando o meteorologista americano Edward Lorenz, em 1963, estava modelando as condições meteorológicas no computador e fez um arredondamento nas estimativas iniciais para facilitar os cálculos (de 0,506127 para 0,506). Isto levou a resultados completamente diferentes na previsão do tempo. Lorenz percebeu que as pequenas diferenças se somam ao longo do tempo e podem tornar-se grandes diferenças e que pequenas diferenças em potencial podem, na prática, gerar grandes diferenciais sistêmicos. Aprofundando seus estudos, Lorenz chegou à conclusão de que pequenas variáveis iniciais tendem a se tornar altamente significativas nos sistemas, especialmente se eles forem altamente interativos com outros sistemas. Esse instrumento vem sendo cada vez mais utilizado para projeções não somente na explicação de fenômenos físicos, mas também nas ciências sociais. Hoje já se utiliza a Teoria do Caos em economia, em finanças e fatalmente também será comum o seu uso nas empresas, em futuro muito próximo. As previsões em ambientes caóticos, sistemas dissipativos e a criação de modelos utilizando redes neurais deverão fazer parte do vocabulário dos executivos em muito pouco tempo.

A complexidade, a velocidade de geração e o incrível volume disponibilizado de informações e de conhecimentos tende a tornar-se grande demais para ser administrado e absorvido por uma mente só. Conhecer, ao mesmo tempo, o detalhe de cada parte, as suas múltiplas inter-relações e os sistemas multidisciplinares que o compõem torna-se cada dia mais complexo no meio empresarial.

Como escreveu Schrödinger:

"Nós agora reconhecemos nesta lei da física que é apenas natural a tendência das coisas para direcionar-se para um estado caótico (da mesma forma que os livros de uma biblioteca ou as pilhas de papel e manuscritos em cima de uma escrivaninha), a menos que nos preparemos para evitá-lo".

Isto é similar ao que ocorre com as empresas. Elas precisam promover mudanças internas para adaptar-se às modificações no seu meio ambiente, de forma a evitar que cheguem ao caos completo. Essa troca se dá através de adaptações estruturais, organizacionais, políticas, estratégicas e tecnológicas de produção e de comunicação com o seu mercado. Alguns dos parâmetros que definem esse meio ambiente são as tendências e necessidades do mercado, a situação da concorrência, da tecnologia, da situação econômico-financeira e da legislação vigente.

Conforme a lógica paraconsistente, existem princípios gerais que abrangem a maior parte dos casos, mas não uma regra geral que explica ou se aplica a tudo. Apesar da tendência de generalizarmos as atividades e os setores empresariais, as empresas dentro de um mesmo segmento de mercado e produzindo ou negociando os mesmos bens e produtos têm padrões de comportamentos diferenciados. De forma geral, cada empresa tem suas visões, políticas, padrões, filosofias de ação e competências diferentes. Daí, não ser possível definir uma regra geral, uma política ou estratégia universal ou uma única forma de atuação que necessariamente leve ao sucesso. Uma análise de um mercado como um todo pode nos dar uma visão global do seu perfil e de comportamentos mais significativos. No entanto, quando levamos em consideração características específicas dos seus segmentos e dos seus nichos, podemos notar que esses fatores podem ter comportamentos bastante diferentes do seu universo como um todo. Isso vem se evidenciando em razão da existência de dois vetores mercadológicos que atualmente caminham em direções opostas: a massificação e a segmentação.

A tecnologia está permitindo que possamos ter uma visão mais ampla dos macros e microcosmos nas ciências físicas. O mesmo fenômeno acontece também nas atividades empresariais através da evolução da comunicação e da informática. A identificação e o atendimento das necessidades de nichos de mercados cada vez menores tendem a ser cada dia mais viáveis, assim como a massificação da produção pode responder aos megamercados em escala mundial.

Estamos no limiar de uma fase de mudanças que, espera-se, acontecerão em um futuro próximo, serão profundas e afetarão os complexos sociais, as instituições e, por conseqüência, os mercados. A pergunta que aflora é: por que esperar as coisas acontecerem para se adaptar às mudanças, em vez de se preparar melhor para enfrentar esse processo?

A INFORMAÇÃO NESSE CONTEXTO

Durante muito tempo e até nos dias de hoje, as pessoas são treinadas para não compartilhar as informações, mas, institucional ou individualmente, somente para usufruir delas. Esse condicionamento tem sua origem na própria insegurança do ser humano e na aura de poder gerada pelo conhecimento que vem desde os tempos em que os meios de comunicação e de registro eram extremamente limitados. Isso acontecia em todas as esferas: na religião, na guerra, nos negócios, na política e no cotidiano das pessoas.

Há 5 mil anos, Sun Tse, o famoso general chinês que foi revivido recentemente pelos estudiosos da administração e do marketing, já enfatizava a importância da informação nas ações de guerra. Passando pelas iniciações religiosas, os cultos e as fraternidades secretas, pelos mapas dos grandes descobrimentos, pela guerra fria e assim por diante, isso continuou a ser um dos fundamentos da política e das guerras.

Os homens de forma geral, e em especial as empresas, talvez pelo condicionamento de acumular conhecimentos escritos, ainda não tomaram consciência de que a quantidade de papel impresso não é mais uma medida adequada para avaliar o quanto de informação está disponível ou se ela é adequada para o processo de tomada de decisões.

Esse fenômeno não é recente. Já ocorreu anteriormente, mantidas as devidas proporções. No século XVI, os intelectuais se queixavam da enorme quantidade de livros que passaram a ser publicados após a invenção da prensa de Gutemberg.

O VOLUME DAS INFORMAÇÕES

Essa rapidez das mudanças nos meios de comunicação e da informática gerou, nos últimos tempos, um volume de tal monta em conhecimentos e informações que chegam diariamente a um executivo – através de relatórios, pareceres, revistas especializadas, correspondências, fax, Internet, e-mail etc. – que dificilmente podem ser lidas ou muito menos assimiladas em um razoável ritmo de trabalho.

Ou seja, junto com os seus benefícios, a revolução da informática e das comunicações fez surgir uma imensa massa de dados impressos e reproduzidos ou copiados em toneladas de papel, que as empresas simplesmente passaram a colecionar.

Além disso, poucas são as empresas que mantêm arquivos ordenados e organizados de maneira que se possa encontrar um documento, uma informação ou adquirir conhecimentos, sem demoradas e exaustivas pesquisas para saber onde estão "enterradas". Esse imenso volume de informações que as empresas acumularam está sujeito a alguns riscos e custos que, nem sempre, são tão fáceis de serem avaliados e que existem em função da:

- Possibilidade de perda do acervo de conhecimentos adquirido pelos executivos devido a morte, aposentadorias, reorganizações estruturais, *downsizing*, mudança de emprego etc.
- Dificuldade de mensurar, pela dispersão em pessoas, arquivos e sistemas, a qualidade e o valor intrínseco desse conhecimento.
- Rápida desatualização das informações em função da velocidade com a qual o próprio conhecimento está se tornando obsoleto.
- Ineficiência dos processos internos de arquivamento, de comunicação e de disseminação de informações e conhecimentos.

A GESTÃO DA INFORMAÇÃO

A gestão da informação é uma metodologia que objetiva, de forma sistêmica, criar mecanismos e instrumentos para captar, preservar, tratar, compilar, selecionar, filtrar, organizar, disponibilizar e disseminar de forma adequada o acervo de dados e informações acumulados que sejam significativos para a operação e o processo decisório da empresa.

Porém, fica difícil dissociar, atualmente, a informática do tratamento de dados e informações empresariais. Ela incorporou-se ao dia-a-dia das empresas por permitir a armazenagem e a manipulação de um volume de dados e informações inconcebível até pouco tempo atrás. Além disso, possibilitou que essa massa pudesse passar por tratamentos de análise, síntese, regressões, projeções e relacionamentos ou processos matemáticos e lógicos ainda mais sofisticados.

Com a evolução conjunta da informática e da comunicação, cada dia cresce mais o volume de informações disponíveis, a sua complexidade, a sua dispersão e a forma como elas são utilizadas nas empresas. Tornou-se fundamental ordenar o fluxo de dados e informações dispersos nas cabeças dos funcionários, nas diferentes áreas, nos diversos sistemas e que são significativos para o seu processo decisório.

Face a isso, ficou premente:

- Desenvolver processos de captação e tratamento, passando por uma acurada análise, interpretação, seleção, sumarização e formatação de relatórios, que permitam transformar enormes quantidades de dados em informações acessíveis e facilmente assimiláveis.
- Reformular as estruturas de armazenagem e tratamento de dados, informações e conhecimentos para permitir a permeabilização, sua disseminação e disponibilização de maneira organizada e de acesso rápido.

A informação induz à necessidade de entender e organizar sistemicamente o "ambiente" em que está inserida. Ou seja, para ser utilizada, a informação precisa passar por um processo lógico de interpretação e um tratamento que organize o meio em que está inserida.

É exatamente isso que acontece em qualquer sistema, inclusive nos computadores. Sempre que falamos em informática e no tratamento e uso de informações, implicitamente estamos falando de sistemas.

Mas como isso se encaixa em uma empresa e qual a sua relação com os seus conhecimentos e as suas informações, em termos práticos?

Uma empresa é um órgão sistêmico e, portanto, o conhecimento a ser preservado e a informação a ser trabalhada e tornada disponível influenciam como um todo ou a qualquer de seus subsistemas. Assim, não podemos entendê-la somente em seus aspectos formais, pois é necessário considerar os aspectos informais do relacionamento humano e também compreender como esses mecanismos interagem. Além disso, uma empresa é influenciada não somente por fatores internos sobre os quais ela tem um alto grau de interferência. Aliam-se a eles os fatores externos, ou o seu meio ambiente, sobre os quais o seu grau de influência é muito menor ou às vezes nenhum.

Daí decorrem as razões pelas quais o grande desafio de um empresário ou do gestor de uma empresa é tornar compatíveis os fatores internos às mudanças no ambiente externo.

Note-se que passamos a falar de sistemas dinâmicos que, apesar de interagirem, são interdependentes, porém têm trajetórias e velocidades nem sempre coincidentes.

O TRATAMENTO DAS INFORMAÇÕES

O conhecimento só passa a ter significado econômico em uma empresa quando ele adquire um valor ao ser utilizado no seu processo de prospecção, adaptação, criação, decisão, ou geração, transformação e distribuição de bens e serviços, ou ainda comunicação com o mercado.

Por outro lado, o conhecimento é função de um processo de informações acumuladas e agregadas. Esse processo começa em algum momento com elementos brutos, que têm um conteúdo intrínseco, porém não têm isoladamente um significado e geralmente são capturados ou gerados no último grau do processo analítico.

Eles são chamados de dados e expressam aspectos, características, diferenças, semelhanças e relações das nossas idéias, dos nossos sentimentos, do nosso universo mental e intelectual.

A partir daí, os dados são trabalhados através de métodos lógicos de raciocínio e são, portanto, classificados, ordenados, hierarquizados, passam por interpretações, comparações, análises e sínteses, permitem induções ou deduções, identificam relações e funções, causa e efeito etc., para se tornarem informações. Através desses mecanismos, confirmam ou refutam hipóteses, idéias, experiências, sensações etc.

Alguns dados ou informações podem ser quantitativos ou podem ser identificados por algum tipo de unidade de medida, como números, quantidades, valores, temperatura, tamanhos etc. Eles são também chamados de dados objetivos, pois, mesmo que as unidades de medida tenham sido criadas pelo homem, elas expressam ou permitem uma avaliação isenta de interpretações.

As informações ou dados qualitativos exigem a presença de critérios de qualificação, feitos por alguém, tais como gosto, beleza, bondade, simpatia. Pela necessidade de passar por avaliação humana, eles são chamados de dados subjetivos e, não raro, para que possam ter um significado, as qualidades necessitam ser comparadas com padrões preestabelecidos.

Entretanto, existe uma série de mecanismos que nos permitem, com maior ou menor grau de isenção, a quantificação de dados através de critérios referenciais. Por exemplo, há séculos utilizam-se esses mecanismos nas classificações de produtos agrícolas, para fixação de preços através do gosto, qualidade, forma, propriedades etc. A grande maioria das *commodities* tem padrões subjetivos de classificação que, no entanto, são aceitos internacionalmente para café, algodão, cacau, milho, soja, entre outros.

Outra forma utilizada para minimizar os efeitos da subjetividade é o acompanhamento de séries históricas ou a fixação de um índice, de um número ponderado, dar notas ou pesos como instrumento para as avaliações.

Mas, de forma geral, do ponto de vista empresarial, um dado somente pode ser chamado de informação passa por um tratamento, ganhando então um conteúdo intrínseco ou significado que, quando inserido no contexto da empresa, é passível de ser utilizado em seu processo decisório ou de geração de riquezas.

A INFORMÁTICA E AS EMPRESAS

No início da implantação da informática, os sistemas e os programas de computador, em geral, eram definidos em função das necessidades exclusivas de cada setor da empresa. As razões eram as limitações dos primeiros computadores, tanto com relação à sua capacidade de armazenamento e velocidade de operação, quanto às dificuldades das primeiras linguagens e programas existentes.

Hoje o computador incorporou-se de tal forma à nossa vida que é difícil imaginar que esse evento tenha sido tão recente. Mas, por mais que os computadores, os hardwares ou os softwares, seus sistemas operacionais, ou as linguagens de programação tenham evoluído, as conceituações originais não mudaram. Ele ainda é uma máquina sistêmica.

O computador foi incorporado à vida das empresas e dificilmente pode-se achar um setor empresarial em que as informações não tenham alguma forma de tratamento informatizado. Mesmo quando não temos essa percepção, isso acontece ao pagarmos alguma conta com um cartão de crédito, ao usarmos uma chave eletrônica em um hotel e até quando ligamos o nosso automóvel.

Porém, nas empresas continuamos prisioneiros de alguns vícios do passado, como a exclusividade no uso dos utilitários ou programas de computação, a disputa entre os macro e os microcomputadores, o embate entre os sistemas específicos e corporativos, a falta de atualização do fluxo de informações, a ausência de manutenção dos sistemas e, sem dúvida, a falta de uma visão sistêmica da empresa.

Todos os sistemas de computador, indiferente do tamanho ou da complexidade, devem ser desenvolvidos tendo como base uma estrutura sistêmica, interdependente e interativa, além de uma formatação lógica, bem definida e adequada de padrões, códigos, relações e funções. Porém, eles sempre dependerão, para seu correto funcionamento, dessa visão sistêmica e da qualidade dos dados fornecidos e informações para que possa ser alcançado o resultado desejado.

Quando não são seguidas essas regras básicas, para partilhar os mesmos dados de diferentes sistemas da empresa, se faz necessária a utilização de mecanismos de limpeza, correções, padronização e compatibilização, para que a qualidade de seu produto final não sofra distorções. Esse processo de tratamento, como se pode deduzir, faz com que os sistemas tendam a ser mais complexos e menos eficientes.

Ainda se encontram nos sistemas de computação das empresas, com alguma freqüência, as seguintes origens de problemas operacionais:

• A formatação de sistemas sem uma visão global das necessidades presentes ou futuras da empresa leva à constante atualização dos programas de computação.

• A falta de uma política de informática que produza um direcionamento uniformizado cria, em função dos diferentes enfoques e linguagens na estrutura básica dos sistemas, uma impossibilidade de interação de informações.

• A tendência de exclusividade na formatação dos sistemas não permite que os mesmos dados sejam compartilhados por diversas áreas da empresa. Isso acontece mesmo naqueles setores que têm grandes afinidades, como marketing e vendas, controle de estoque e produção, estoque de produtos acabados e distribuição etc.

• Os mecanismos de rotina interna, formatação de formulários e treinamento, geralmente, não direcionam para o correto fornecimento de dados.

• Existem, com freqüência, modificações específicas e aleatórias, sem uma visão do processo como um todo, em rotinas e formulários de algumas áreas. Ainda que possam resolver um problema particular de um setor, elas tendem a criar um desgaste organizacional e o não cumprimento de rotinas e procedimentos internos que tornam o fluxo de documentos e a qualidade de informação bastante precários.

- O custo de modificar ou adaptar sistemas existentes é alto e complicado em termos de programação, mas isso acontece habitualmente, criando as pouco confiáveis "gambiarras".
- Normalmente as visões e a lógica de programas e sistemas estão mais voltadas para a máquina e sua linguagem do que para os usuários.

Essa lista poderia ser bem maior, mas acreditamos que ela é suficiente para ter-se uma idéia da dimensão do problema.

De forma geral, um sistema tem que atender às necessidades de dois processos fundamentais, sendo um de captação dos dados e outro de utilização das informação geradas. Assim sendo, ambos os processos tendem a organizar as duas pontas dos setores envolvidos, seja para a correta captação de dados ou para disseminação e uso dos seus resultados.

Essa organização deve incorporar mecanismos necessários para a alimentação dos dados na própria lógica do sistema que está sendo implantado e também direcioná-la para que os seus resultados sejam gerados de forma a atender aos anseios de utilização pelos seus usuários.

Portanto, os resultados desejados e sua abrangência determinarão o impacto e a profundidade que introduzirão na organização da estrutura da empresa, tanto na captação de dados como no uso dos resultados gerados.

Organizar pressupõe mudanças ou adaptações de rotinas e procedimentos, além de modificações nas estruturas das funções e, conseqüentemente, nas relações de poder existentes.

Ao se formatar um sistema, deve-se procurar que ele seja o mais integrado possível para possibilitar a utilização de informações padronizadas já existentes e permitir o emprego de seus resultados em outros setores da empresa. Quanto mais abrangente é um sistema, maiores serão os reflexos e o seu nível de exigência com relação à organização na estrutura da empresa.

ALGUNS COMENTÁRIOS SOBRE NEGÓCIOS NA INTERNET

Em 2000, nos EUA, as transações no varejo em *e-commerce* chegaram a cerca de US$ 15 bilhões e a expectativa é que cheguem a US$ 100 bilhões, nos próximos 5 anos. Isso é resultado de 90 milhões de usuários de Internet americanos, dos quais 40% fazem compras usando esse mecanismo. Esse número cresceu de US$ 5 milhões, em 1993, para o volume atual.

O dado que mais chama a atenção é que as transações em *business-to-business* alcançaram US$ 250 bilhões, em 1999. Ou seja, ainda que se fale, estude e discuta o *e-commerce*, o grande gerador de negócios está no *business-to-business*.

No Brasil, o crescimento também está sendo importante, mas, especialmente no *e-commerce* ainda existe uma grande desconfiança quanto à compra. Isso reflete uma falta de tradição de comprar por mala direta, mas também acontece em função da falta de confiabilidade na entrega dos bens e, principalmente, nos instrumentos de pagamento (cartão de crédito e débito em conta corrente).

Além disso, as empresas brasileiras, assim como uma parte importante das americanas, não se prepararam em termos de estratégia e logística para trabalhar nesse mercado. As americanas que tiveram maiores sucesso são as que já tinham algum tipo de experiência em venda por mala direta ou por catálogo. Isso é raro no Brasil.

Os sucessos no uso dessa tecnologia não vieram sem uma visão direcionada para a estratégia e sem aumentos de custos e investimentos em:

- tecnologia e desenvolvimento do *know-how;*
- implantação do próprio negócio de *e-commerce;*
- suporte e treinamento internos;
- suporte de fornecedores e associados;
- segurança operacional – vendas x capacidade de atendimento;
- manutenção dos sistemas e rotinas.

Das empresas que tiveram sucesso, foi preparada uma relação em que o planejamento começa com algumas perguntas simples porém fundamentais para a tomada da decisão de criar um *site*:

- O que eu pretendo alcançar com esse esforço?
- Qual a estratégia que vou aplicar para chegar lá?
- Estou preparado para isso?

Pode parecer ridículo que algumas empresas americanas tenham descoberto depois de perder algum dinheiro que não tinham se perguntado sobre isto ou que as respostas não receberam a devida consideração. Mas recentes pesquisas mostraram isso.

A lista abaixo relaciona os possíveis benefícios para as empresas, que podem ser adaptados conforme as necessidades:
- Aumentar o número de consumidores ou usuários;
- Prover informações aos consumidores;
- Eliminar ou reduzir os intermediários ou usuários;
- Reduzir custos operacionais;
- Aumentar eficiência;
- Reduzir custo de compra;
- Reduzir pessoal;
- Diminuir suporte manual;
- Diminuir centros e escritórios operacionais;
- Reduzir custo de propaganda;
- Reduzir o tempo do ciclo de transações;
- Aumentar velocidade de informações;
- Aumentar precisão das informações;
- Automatizar serviços aos consumidores;
- Melhorar a qualidade de controle;
- Melhorar vínculos de fornecimento;
- Aumentar competitividade;
- Aumentar fornecedores e distribuidores;
- Aumentar velocidade de reposição de entrega;
- Melhorar controles administrativos.

Além disso, o *e-commerce* pode levar a diferenciais, que incluem:
- Aumentar a velocidade de comunicação com o mercado;
- Aumentar a variedade de escolha de produtos;
- Aumentar a disponibilidade de produtos;
- Prover serviços 24 horas;
- Aumentar a satisfação do cliente;
- Aumentar a resposta a estímulos comerciais;
- Criar novo canal de distribuição ou comercialização;
- Explorar novos segmentos;
- Acessar mercados não atingidos;
- Aumentar a velocidade das informações;

- Aumentar vínculos com consumidores;
- Criar fidelidade;
- Diminuir procedimentos colaterais;
- Melhorar a capacidade de adaptação;
- Ter respostas mais precisas a pesquisas;
- Aumentar o conhecimento do cliente;
- Integrar mais o processo do negócio;
- Aumentar flexibilidade.

Essa lista poderia incluir outras perguntas, mas ela nos permite ter uma noção das áreas e tarefas envolvidas nesse tipo de empreendimento.

O *one to one business* é outro negócio que algumas empresas americanas já descobriram, baseando-se na análise do comportamento de determinados *prospects* ou compradores para fazer ofertas individualizadas.

Esse é um instrumento que exige uma definição muito precisa das razões que levam um consumidor a comprar (*buyer behavior*), uma análise e um histórico estatístico muito bem detalhado e bem feito do perfil do *prospect* e a escolha perfeita da forma de comunicação, da hora ou do estado de espírito mais apropriado.

Como se pode imaginar, não é uma análise fácil: nem sempre o cadastro é adequado e custa caro esse tipo de venda. Sem dúvida, a tecnologia da informática e da comunicação ajuda bastante e os instrumentais de análise desenvolvidas mais recentemente, como teoria dos jogos, árvore de decisões e os modelos de decisão neurais, são vitais nesse processo. São mecanismos que custam caro, levam tempo para definir padrões de análises e desenvolver históricos comportamentais. Mas podem realmente fazer uma diferença quando bem utilizados.

OS MECANISMOS DO APRENDIZADO

Somos levados a imaginar o quanto esse volume de informações e conhecimentos está crescendo. No entanto, eles somente têm razão de ser na medida em que pudermos utilizá-los para evoluir como seres humanos, como sociedade ou, mais especificamente, como empresas.

Desse manancial de saber que está sendo gerado, é necessário selecionar o que é essencial para assimilarmos e processarmos, através de mecanismos existentes em nossa mente, e utilizarmos para atingir os objetivos aos quais nos propusemos.

Outra vez, nos deparamos frente a alguns problemas de terminologia e limites conceituais do que é saber, conhecimento e informação. Dificilmente poderemos identificá-los sem entender os mecanismos do aprendizado que levam ao saber

O aprendizado pode ser definido como um processo ou forma de acumular conhecimentos, experiências, sensações ou habilidades para desenvolver novos patamares de saber, sensibilidade, destreza ou perícia.

Esse é um processo que nos permite relacionar e interpretar os dados, informações, experiências e sensações que recebemos com aqueles armazenados na nossa memória. A partir daí, podemos criar novos cenários mentais, desenvolver a capacidade de encontrar novas relações ou interpretações para sedimentar os nossos conhecimentos.

Esse mecanismo com o tempo gera um processo sinérgico que amplia nossos horizontes de raciocínio e saber que ultrapassa a simples soma dos conhecimentos agregados.

É possível comparar o nosso cérebro a um computador que seja movido por impulsos elétricos em um meio celular vivo. No nosso computador mental, as informações e os programas do *software* são alimentados e funcionam no nosso *hardware*, a massa encefálica, dentro do nosso crânio, através de impulsos eletroquímicos em estados quânticos discretos que ativam as nossas células cerebrais. Isso acontece através de diferentes formas, códigos, linguagens, experiências e sensações.

Porém, os homens nascem com instintos e características geneticamente herdadas que influenciam profundamente o seu mais poderoso *software*. Isso acontece pelos *imprints* que são incorporados em determinados períodos, chamados de momentos de vulnerabilidade, e que existem principalmente em uma mente jovem.

O *imprint* estabelece os limites e os parâmetros em que serão elaborados posteriormente os condicionamentos e o aprendizado. Ele pode ser comparado ao *software* do sistema de gestão do nosso computador biocoloidal e é altamente interdependente com o nosso próprio *hardware*. Essa é uma das grandes diferenças existentes entre os computadores eletrônicos e os biocoloidais: eles têm mecanismos de funcionamento semelhantes, mas não são padronizados.

Cada um de nós recebe uma herança genética e vivências iniciais próprias, que nos impactam de maneira diferente e que fazem com que essa parte de nosso *software* seja única para cada indivíduo. Além disso, nós somos influenciados por impressões chamadas de condicionamentos, que são os elementos que formatam o *software* onde acumulamos e desenvolvemos ou criamos a nossa visão das coisas, a nossa forma de nos relacionar com o mundo que nos cerca e a nossa personalidade.

Ao longo de sua formação, o ser humano recebe esses condicionamentos que acabam funcionando como *softwares* que se sobrepõem aos *imprints*, mas pelos quais são altamente influenciados.

O aprendizado também acontece ao longo de nossa vida e é o processo através do qual incorporamos e trabalhamos mais intensamente as informações e os sinais que recebemos do mundo externo. É, basicamente, onde opera e se desenvolve o nosso universo cognitivo.

Ele compõe-se de um conjunto de *softwares* e programas mentais onde são processadas as informações, sinais e sensações que recebemos do mundo externo e que aumentam substancialmente a complexidade dos nossos sistemas mentais.

Porém, seu funcionamento é interdependente e integrado com os nossos *softwares* e programas de *imprint* e condicionamentos.

O que permeia esse fluxo de conhecimentos é o acúmulo crescente de informações, experiências e sensações recebidas, incorporadas e agregadas àquelas já existentes, que, ao serem trabalhadas pela mente humana, compõem e geram um novo patamar do saber.

Empresarialmente, poderíamos sintetizar esses conhecimentos naqueles que nos permitem selecionar, assimilar, processar e utilizar o saber por que, o como fazer e a aptidão e habilidade ao fazer.

Mas essa capacidade de receber, assimilar e transmitir conhecimentos têm limitações, ainda que cientificamente esteja provado que utilizamos uma parcela relativamente pequena de nosso potencial mental. Assim como um computador eletrônico, nosso cérebro tem um mecanismo de entrada, um sistema de processamento e outro mecanismo de saída de informações.

As limitações da velocidade de assimilação, do processamento das informações e de acionamento físico de nossos membros já eram comprovadas cientificamente e o seu efeito pode ser medido pela teoria das filas, que identifica a defasagem gerada entre o recebimento de uma informação e nosso processamento mental.

As limitações de saída das informações são, entretanto, mais perceptíveis, pois pensamos mais rápido do que nos comunicamos.

Tudo leva a crer que parece existir também um filtro nas informações recebidas. Seria algo como se a nossa mente selecionasse o volume de dados recebidos pelos nossos olhos. As indicações científicas são que realmente existem filtros mentais na nossa "entrada de dados". O que se discute é por que isso acontece. Se ocorre por uma evolução no sentido darwiniano, como a que acontece com os nossos dentes do siso, por limitações dos nossos mecanismos sensoriais de entrada ou por limitação da capacidade de processamento entre esses mecanismos e o cérebro.

APRENDENDO A APRENDER

Como um dos resultados do desenvolvimento da tecnologia, da informática e dos avanços da comunicação, as habilidades escolares clássicas, baseadas apenas no desenvolvimento da inteligência verbal e da lógica matemática, têm se mostrado inadequadas para acompanhar a dinâmica social, adequar os profissionais ou responder às exigências do mercado do século XXI.

Até bem pouco tempo, a sociedade mecanicista industrial produziu um padrão biográfico que objetivava uma formação profissional para o homem estabelecer-se em uma carreira, com a finalidade de desenvolver-se nos limites da sua especialidade e na busca de uma relação de emprego estável para toda a vida.

Porém, a sociedade da informação globalizada trouxe consigo a necessidade de um padrão biográfico bem mais complexo para o homem adaptar-se a uma convivência com um novo estágio de instabilidade muito maior quando relacionado com os objetivos anteriores. Isso faz com que o ato de aprender e de conviver com um volume crescente de informações passe a ser permanente.

Recentemente aconteceram avanços importantes na compreensão da inteligência humana, que se concentraram na teoria das inteligências múltiplas, que demonstram claramente a inadequação do antigo modelo biográfico para o novo contexto.

Segundo esses estudos, existem as seguintes dimensões inter-relacionadas da inteligência humana:

- a verbal;
- a lógica matemática;
- a intrapessoal;
- a interpessoal;
- a espacial;
- a sinestésica;
- a musical.

Mesmo as duas primeiras, que são desenvolvidas no ensino clássico, teriam de sofrer adaptações ao novo cenário, mas as outras cinco precisam ser introduzidas sistematicamente como objetivo do sistema educacional.

A inteligência intrapessoal consiste no desenvolvimento da capacidade de autoconhecimento do indivíduo, incluída a integração do corpo com suas emoções e a sua mente. Esse tipo de inteligência nos leva a:

- identificar e reconhecer os oito grupos de sentimentos básicos – raiva, tristeza, medo, desfrute, amor, surpresa, desgosto e vergonha – tal como eles acontecem;
- administrar essas emoções e sentimentos em um processo de construção progressiva comandado pelo reaprendizado;
- automotivar-se, autodisciplinar-se e persistir para alcançar os objetivos que conscientemente nos propusemos a atingir.

A inteligência interpessoal está associada à capacidade de desenvolver um inter-relacionamento empático com os nossos semelhantes, sendo capaz de colocar-se no lugar do outro e facilitar a comunicação a partir do reconhecimento diferenciado das emoções alheias.

A inteligência espacial está associada à capacidade de situar-se geograficamente. É a capacidade de diferenciar as paisagens e de organizar as formas, sendo muito bem desenvolvida nos artistas plásticos, nos viajantes e nos geógrafos.

A inteligência sinestésica é a capacidade de diferenciar e auto-organizar os nossos movimentos físicos ou corporais. Esse seria o mundo dos esportistas, bailarinas e artesãos.

A inteligência musical reside na capacidade de diferenciar e escutar os diferentes sons. Ela abrange a música, os sons da natureza e principalmente os fonemas lingüísticos, essenciais na comunicação. Isto torna-se fundamental em um mundo que exige o conhecimento de muitas línguas.

Partindo-se dessa nova abrangência da inteligência, torna-se cada vez mais importante:

- A necessidade de construção de argumentos lógicos, tanto no universo da lógica formal aristotélica quanto na compreensão dos conceitos de lógicas paraconsistentes;
- A convivência com os conceitos de relatividade, com as implicações da Teoria do Caos e com os paradoxos da realidade;
- A crescente necessidade de selecionar, processar e pensar as informações que recebemos, evitando os extremos de insuficiência de informação e excesso de informações não processadas;
- Ter uma abertura psicológica para a promoção constante do autoconhecimento e uma mobilidade de disponibilidade experimental e de reflexividade em todas as atividades grupais;
- Evitar tanto os extremos de um reducionismo especializante típico da civilização industrial linear do século XX, quanto o reducionismo holístico surgido nas últimas duas décadas;
- Estar preparado para uma visão profissional, tendo em vista as interfaces sistêmicas e o constante mudar das coisas.

Capítulo III
O CONHECIMENTO E A COMPETÊNCIA

A Revolução Industrial, através da mecanização, aumentou substancialmente a capacidade de produção e nos levou à padronização dos bens e serviços ofertados. Até pela existência de uma demanda não atendida, a massificação era o objetivo perseguido.

Porém, dificilmente poderemos medir o grau de desperdício, de falta de qualidade e demais custos do mecanicismo resultante da Revolução Industrial. Ele estava baseado em uma distorcida visão determinista dos sistemas mecânicos. Ou seja, imaginava-se que, usando-se matérias-primas, insumos, máquinas, processos industriais e trabalho, seriam produzidos, de forma padronizada, com qualidade e em grandes quantidades, os bens desejados. No início do século XX, começaram a aparecer as primeiras preocupações com o controle de qualidade e da produção e um dos primeiros movimentos nesse sentido surgiu nos Laboratórios Bell, ainda na década de vinte.

Ao final da Segunda Guerra Mundial, a reconstrução da economia japonesa, conduzida pelo general MacArthur, sua equipe e os seus sucessores, criou uma nova visão nos processos de produção e qualidade dos bens e serviços. O sucesso alcançado pela indústria do Japão no controle de qualidade, na redução dos desperdícios da produção, na prioridade dada às necessidades do consumidor e na contribuição dos colaboradores envolvidos em todas as fases do processo deu início a uma revolução em termos de gestão empresarial.

Durante algum tempo essa preocupação foi basicamente voltada para o controle de qualidade e do processo produtivo. Posteriormente, essa visão foi sendo elaborada e criou-se uma mentalidade de gestão mais ampla, com desdobramentos que levaram a remodelações organizacionais ou estruturais das empresas, ao uso intensivo de terceirização da produção, às fábricas dentro das fábricas, às reengenharias e aos conceito da excelência do desempenho e *benchmarking*. Ultimamente, já se fala em *gentesoft*, sendo os colaboradores da empresa vistos como *softwares* humanos e a rapidez de decisões, a transformação de fornecedores em parceiros e a busca de lealdade do consumidor passam a ser encarados como resultantes da informação.

Nesse processo, criou-se um filtro natural de competência, no qual o crescimento da produção, o aumento da concorrência, as exigências dos consumidores, a redução de desperdício, a qualidade e a satisfação do consumidor têm que ser cada vez mais seriamente levados em consideração. A evolução tecnológica, o processo de globalização e os seus reflexos na sociedade fizeram com que:

- A concorrência se tornasse mais acirrada interna ou externamente;
- Os produto ou serviços passassem a conter mais valor, tecnologia ou conhecimentos agregados;
- A importância da qualidade dos produtos e serviços e o atendimento das exigências dos consumidores aumentassem substancialmente;
- O mercado se expandisse tanto no sentido de massificar-se como no de segmentar-se, tornando-se mais exigente em ambas as pontas.

Esses são alguns dos vetores que influíram na importância que vem adquirindo a gestão do conhecimento e da competência nas organizações. Os componentes que influem na estrutura e no meio ambiente das empresas se modificaram profunda e velozmente e estão constantemente se transformando. Porém, a razão de ser que sempre levou a administração a mudar seus enfoques continua a mesma: adequar-se e adaptar-se às mudanças.

A qualidade, a excelência da produção, a redução de perdas por erros e desperdícios não deixam de ser importantes no processo. Entretanto, as atividades repetitivas tendem a ser cada dia mais informatizadas ou robotizadas e, com isso, passam a ser mais uma função de programação do que uma preocupação quanto à sua execução ou controle. Ou seja, depois de programadas, essas atividades passam a ser executadas e controladas não mais por seres humanos e sim por instrumentais com níveis de falhas e erros que tendem a ser pouco significativos. Assim, reduz-se a possibilidade de falhas humanas no processo produtivo. Esses instrumentos, depois de programados, até informam os seus desvios.

Sem entrarmos nos méritos sociais ou éticos desse processo histórico, não podemos deixar de levar em consideração a influência da tecnologia, da informática e da robotização nos processos de gestão da produção, da qualidade e da excelência do desempenho.

O conhecimento é a resultante da combinação das informações de um determinado contexto que, associadas com as do seu meio ambiente e interpretadas através da experiência, formam um novo patamar de informação com valor agregado para ser usado em decisões e ações empresariais.

O conhecimento é o saber acumulado que permeia as organizações e que cria novos patamares de capacitação dos seus colaboradores e, conseqüentemente, permite o aumento do nível de competência da empresa. Por sua vez, o aumento da sua competência resulta da dinâmica do conhecimento e do processo de crescimento qualitativo de seus colaboradores.

A Metodologia

O caminho ou a metodologia que pretendemos apresentar não é algo novo, mas sim um mecanismo lógico que nos permitirá, através de procedimentos formais, identificar as nossas competências, sejam elas sistêmicas ou setoriais.

O método proposto é valido até para avaliarmos qual o nosso potencial para iniciar uma nova atividade, para desenvolver ou para diversificar aquelas que atualmente exercemos. Pode ser aplicado em pequenas empresas assim como nas grandes corporações ou instituições.

Ele nos auxilia a identificar na empresa, dentro do seu ramo de atividade, qual é a razão de ser, o agente motor, o coração do negócio, o que o faz funcionar e principalmente quais os diferenciais que o distingüem dos demais.

Não se trata de simplesmente identificar em que setor de atividade estamos atuando ou que tipo de bem ou serviço oferecemos ao mercado. Isso, em geral, é bastante óbvio. O que é fundamental é identificar não somente quais as competências são importantes para manter as nossas atividades com sucesso, agora e a médio prazo, mas também quais são aquelas que teremos que ter, adaptar ou desenvolver para atuar no futuro.

As atividades, as profissões, as técnicas, os métodos ou a forma de exercer uma função são muito afetados nesse processo de evolução. Portanto, essa metodologia pressupõe a análise de como, no futuro, as funções serão exercidas e como essas competências serão desempenhadas.

Já existem sinais de algumas funções exercidas de forma diferente e, conseqüentemente, as técnicas ou profissões delas decorrentes deverão ser seriamente afetadas em prazo relativamente curto ou já foram bastante influenciadas. Como exemplo, é clara a redução do número de empregos de calculistas financeiros ou dos calculistas de estruturas na construção civil após a chegada das minicalculadoras e dos microcomputadores. Ou seja, ainda que a função continue existindo, a execução dos cálculos é hoje basicamente feita por sistemas informatizados.

O número de controladores de estoque também reduziu-se substancialmente com os controles computadorizados, o código de barras e os leitores óticos. Também estão em fase de extinção boa parte dos empregos dos operadores de máquinas, equipamentos e de ferramentaria industrial, em função da automação industrial.

Além disso, a comunicação e a informática estão afetando seriamente algumas atividades das empresas. A Internet e o *e-business* têm funcionado não só como alavancadores de negócios, como geradores de empregos, mas também têm reduzido os contornos de algumas funções e atividades tradicionais.

Da mesma maneira, a Revolução Industrial reduziu uma série de atividades e empregos de agricultores, artífices e, na função de manutenção dos veículos de transporte, o ferreiro foi substituído pelo mecânico de automóveis.

O processo de geração de riquezas não somente evoluiu da força muscular para a mente humana, mas existe uma tendência de que certos esforços mecânicos e até os trabalhos intelectuais repetitivos migrem do homem para os computadores ou robôs.

Os impactos que estão acontecendo nas funções que envolvem controles de forma geral e, em especial, os de produção e de qualidade, podem nos dar uma razoável idéia do que o futuro reserva para os profissionais especializados nessas áreas ou para as atividades que utilizam essas competências.

Os robôs, o raio laser, a leitura ótica, a imagem decodificada etc. terão meros problemas de programação e ajustes e não mais de controles. Para que conferir manualmente os cálculos feitos pela nossa calculadora de bolso?

A IDENTIFICAÇÃO DAS COMPETÊNCIAS E SEUS REFLEXOS

Qualquer análise sobre as competências tem que partir do princípio de que somente o ser humano é capaz de interpretar informações tecnológicas, desenvolvê-las e dar a elas um novo significado capaz de influenciar o sistema vigente. Como já vimos, algumas funções de comando e controle nas organizações têm perdido sua importância porque isso pode ser feito mais fácil e eficientemente pela informática e robotização.

Mas a criação ainda é um predicado do ser humano e, portanto, é para ele, seu conhecimento e sua característica de possibilitar mudanças é que deve ser direcionado o esforço de capacitação.

O diagnóstico das competências tem de ser visto dentro das relações sistêmicas que influenciam os detentores do conhecimento, levando-se em conta a forma como a dinâmica das mudanças as afetarão ao longo do tempo. Temos que trabalhar em uma modelagem que englobe as competências existentes nos funcionários, nas atividades que desenvolvem, no processo produtivo, no acervo e fluxo de informações, no meio ambiente da empresa e na evolução de cada um desses vetores no tempo.

Para isso é necessário um levantamento multidisciplinar das diversas áreas, processos, técnicas e rotinas internas, que deverão ser confrontadas com o meio ambiente da empresa, de forma a identificar e classificar o que pode ser considerada uma competência sistêmica ou setorial.

Basicamente, esse é um processo que se inicia ao fazer entrevistas em cada área, com os responsáveis, e coletivamente com os colaboradores de cada setor, objetivando:

- Levantar quais os indicadores relevantes de evolução da empresa e seus padrões de comportamento. Esse processo passa por avaliações de gestão, tecnologia, produção, comercialização, administração etc. Isso nos permitirá ter uma idéia do negócio, da atividade e do mercado em que a empresa está inserida e como está evoluindo. Além disso, possibilitará um conhecimento da estrutura formal e informal da empresa, qual o nível de interação e quais as necessidades de adequação em termos de funcionalidade;
- Comparar e analisar esses padrões e índices com os parâmetros

do estado da arte, do comportamento do mercado, das tendências de consumo e da concorrência;
* Buscar a identificação de quais são as competências sistêmicas, as setoriais, onde estão localizadas e qual o seu tipo.

Torna-se extremamente difícil identificar uma única fórmula que sirva de receita para todos os ramos e atividades empresariais ou mesmo, por exemplo, para todos os profissionais liberais. Isso decorre do fato de que, da mesma maneira como individualmente cada um de nós tem o seu modo de ver, toda atividade empresarial tem as suas peculiaridades e as empresas têm a sua forma de ver o seu negócio.

Será preciso utilizar análises comparativas dos próprios indicadores e do mercado, decompostos de forma vertical e horizontal, bem como a sua evolução no tempo. É fundamental que esses indicadores sejam relacionados e comparados com os das demais empresas similares.

Isso nos dará uma noção do contexto atual e já teremos então identificado qual ou quais as competências que temos ou que são necessárias para obter êxito na atividade. Será preciso:

* Levantar as variáveis significativas, as relações de causa e efeito existentes, sua consistência e os possíveis impactos no cenário futuro mais provável;
* Projetar ou procurar visualizar, em um contexto futuro, esses vetores e parâmetros, levando em consideração fatores como o desenvolvimento tecnológico, o processo de globalização e as mudanças estruturais do mercado.

Ao falarmos em montagens de cenários, estamos criando um túnel de possíveis realidades, no qual não deixamos de limitar fatores determinantes e nos baseamos em vetores e tendências que devem ter ou tendem a ter um determinado comportamento no tempo.

Porém, o túnel da realidade que emergirá no processo está contido e é influenciado por outro, composto de fatores determinantes, vetores, tendências e inter-relações sistêmicas infinitamente mais complexas.

Procuramos, na figura a seguir, dar uma idéia do que seria esse mecanismo de evolução das competências dentro de um imaginário túnel prospectivo. Essa imagem pode mostrar como estariam dispostas as interações e influências da tecnologia, do meio ambiente, das pressões existentes no próprio setor de atividade e as específicas da empresa.

Modelo de túnel da realidade

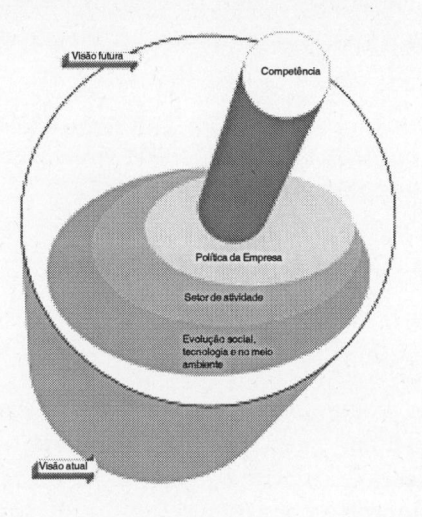

Já estão disponíveis instrumentos de projeção de cenários extremamente potentes, complexos e mais eficientes, importados de outras ciências, que utilizam variados níveis de incerteza em modelos baseados em redes neurais e em ambientes caóticos. Mas, indiferente do instrumental os resultados devem passar pelo crivo de quem convive com esse ambiente e que agregará a experiência vivencial do negócio.

Para isso, é necessário discutir esses possíveis impactos e a viabilidade da aplicação das soluções sugeridas com os envolvidos, nos diversos níveis da empresa.

Esse método tende a racionalmente formatar um diagnóstico no qual podemos identificar as relações existentes entre as competências da empresa, sua situação frente ao mercado e o estado da arte em cada setor, criando ainda referenciais para as possíveis ações a serem tomadas. Mais que isso, ele nos permite direcionar a gestão das nossas competências a curto, médio e longo prazo. Ou pelo menos nos dar um direcionamento para algumas perguntas importantes:

- Quais as prioridades a serem atacadas?
- Qual é o melhor tempo para implementá-las?
- Quais os recursos necessários para essas mudanças?

Por outro lado, as projeções nos permitem não somente ter uma visão mais ampla do conjunto, mas também identificar mais claramente as interdependências existentes entre as variáveis que afetam o processo e as suas relações de causa e efeito.

Essa é uma forma de descobrir o quanto estamos distanciados do estado da arte, o que temos de diferente, de semelhante, de melhor ou de pior em relação aos nossos concorrentes.

Sem dúvida, essa metodologia precisa estar enfocada no detentor do conhecimento agregado, da competência organizacional e no principal agente das mudanças, que são os seus colaboradores.

O PROCESSO DECISÓRIO

Quando nos propomos a projetar cenários futuros, temos que estar atentos a alguns fatores que podem introduzir desvios no processo. Por essa razão, são necessários alguns cuidados que devemos levar em consideração para aumentar a consistência dos resultados.

A etapa final de um processo decisório passa pela seleção e escolha da melhor opção racional dentre as muitas que foram geradas. E *"implica o abandono dos demais cursos alternativos"*, como era e ainda é colocado em muitos dos compêndios de administração que tratam do processo decisório empresarial. Esse é o mecanismo do processo racional de decisão [8].

O que nos perguntamos é se essa seria a postura mais apropriada nos dias de hoje. Não há dúvida de que não definir um curso de ação não é salutar em qualquer gestão empresarial. Administrar ou gerenciar está implicitamente relacionado com direcionar esforços para atingir um determinado objetivo.

Os processos de decisão em uma empresa são tomados em diversos níveis e envolvem diferentes tempos, limites espaciais e tendências conjunturais e estruturais.

Em um ambiente envolvendo sistemas e meio ambiente tão dinâmicos e altos níveis de incerteza, ter definido somente um curso de ação

---

[8] *I - Definição e diagnóstico, II - Busca de opções mais promissoras, III - Análise e comparação, IV - Seleção e escolha da melhor opção.*

também não deixa de ser temerário.

Para nos orientar nesse contexto, teríamos de fazer algumas perguntas:

- Quem são os principais atores nessa crise? Ou quais os fatores mais significativos?
- Como cada ator está influenciando o outro? Como esses fatores interagem e se influenciam?
- Quais as tendências externas que influenciam as decisões desses atores? Como o meio ambiente determina os parâmetros de seu comportamento?

Se usarmos um sistema baseado na Teoria do Caos, por exemplo, podemos obter um sistema altamente flexível, pois ele nos levaria a:

- Conceituação de evolução de fatores complexos sem formalizações restritivas;
- Informações sistêmicas que permitem estimativas globais, para modelos caóticos de pequenas dimensões, com uma visão apropriada de diversos cenários;
- Um sistema de simulação que possa ser acoplado a fontes de informação que atendem às necessidades de quantificação.

Existem outros instrumentos que podem ser utilizados como métodos auxiliares em tomadas de decisões, como os sistemas de computação para modelagem e simulação que usam os mais avançados instrumentos de construção, avaliação, aferição e otimização de sistemas dinâmicos complexos.

UMA VISÃO PROSPECTIVA

A administração de empresas trata da alocação, de acordo com a decisão dos proprietários, dos recursos disponibilizados para a produção de bens e serviços, visando atender o seu mercado, porém remunerando o capital empregado. E aí começam as limitações de recursos disponíveis, que passam também pela forma de adequar-se às necessidades de mercado e incluem a forma de remunerar o capital empregado. Há ainda outro fator que está implícito, que é não dilapidar o patrimônio da empresa. Ainda que o risco seja inerente a qualquer negócio, é importante que o seu patrimônio seja preservado.

Como fazer isso em um ambiente em constante mudança?

Os sinais para que tenhamos um enfoque diferente na gestão das empresas são muitos e estão ficando cada vez mais visíveis. Tudo indica que o mundo está mudando rápida e profundamente. E, se isso está acontecendo, não podemos esperar que as empresas não venham a sofrer as pressões dessas mudanças.

Bem pouco tempo atrás, as empresas tinham que se preocupar, dentro de uma visão endógena, com o processo de adequar uma estrutura organizacional e produtiva aos recursos disponíveis e aos seus objetivos e, dentro de uma visão exógena, à maneira de adaptá-la ao seu meio ambiente.

Porém, devido à intensidade e à velocidade das mudanças, torna-se premente agregar ou enfatizar a necessidade de uma visão prospectiva de suas competências para antecipar-se às mudanças.

Ou seja, precisamos ter uma perspectiva da empresa *para dentro* e *para fora,* mas principalmente *para frente*, projetando como serão afetadas as nossas competências nesse novo contexto. E mais, procurar visualizar se essas competências serão importantes no futuro ou terão que ser adaptadas.

O processo de evolução por que passam a comunicação, a difusão do conhecimento e da informação, a velocidade do desenvolvimento, a consciência ecológica e as mudanças sócio-culturais provocará sérios câmbios nos contextos sociais, que irão influir nas instituições, na legislação e nos mercados.

O exponencial desenvolvimento da tecnologia, da informática e da robotização está trazendo importantes mudanças nos métodos de administração, nos processos de produção, de comercialização, de distribuição, de transporte e, por decorrência, no aspecto organizacional e gerencial das empresas.

Além disso, a globalização está levando a uma revolução que inclui desde as características dos bens e serviços, dos custos de produção, das fontes de financiamento, passa pelas vantagens comparativas, chegando até aos mecanismos de preços, à concorrência e às demais estruturas do mercado.

Todas essas variáveis e tendências têm um alto grau de interação e complexidade que afeta de forma diferente os fatores internos e externos das empresas. Como se pode imaginar, não é fácil representar a realidade e menos ainda projetá-la no futuro.

Toda vez que criamos um modelo, ele está sujeito a limitações, pois é extremamente difícil retratar toda a complexidade da realidade com a representação do seu contexto. E, por ser uma imagem da realidade, um modelo está sujeito às limitações impostas pela simplicidade e objetividade que devem nortear as comunicações.

OS FATORES RELEVANTES

Ao tratar desse assunto, cabe uma primeira pergunta:

- Os fatores significativos que influenciam as nossas competências são decorrentes de nossas qualidades, da incapacidade dos concorrentes ou de deformações de mercado?

Ou ainda nos perguntar:

- Onde estão localizados esses fatores relevantes?

Eles podem estar na gestão do sistema, no conhecimento agregado pelos funcionários ou em algum dos seus setores, na tecnologia utilizada, no processo produtivo, na qualidade do produto ou serviço, nos canais de distribuição, na eficiência dos mecanismos de venda, de atendimento ou no seu marketing como um todo.

A importância desses fatores não é estática e muda no tempo com a evolução da tecnologia e com o contexto sócio-econômico.

Para termos uma idéia do mecanismo envolvido, vamos tomar como exemplo a evolução da fotografia, ao longo deste mais de um século da sua invenção e fazer algumas especulações a respeito.

A indústria fotográfica, apesar de também fabricar máquinas, na realidade tem o seu enfoque principal na produção e na comercialização de filmes. Porém, em termos mercadológicos, o que vende na realidade é recordação e, portanto, emoções.

No começo, pelas restrições tecnológicas de materiais, técnicas de revelação e, especialmente, devido ao tamanho dos equipamentos, criou-se a profissão de fotógrafo, que era, no passado, praticamente um artista. No entanto, a tecnologia evoluiu em todos os sentidos. As máquinas se tornaram portáteis e fáceis de usar, a revelação já se faz instantaneamente ou em menos de uma hora e existem convenientes pontos de revelação. Os filmes passaram a ser oferecidos em qualquer esquina, são coloridos, a qualidade das fotos melhorou muito, podem ser reproduzidas em um *slide* e projetadas. Com isso, a fotografia, apesar de continuar com sua função artística, passou a ser um passatempo de uso geral, utilizada até por crianças e em máquinas fotográficas descartáveis.

Apareceu a máquina de filmar, praticamente com as mesmas características, só que acrescentando o movimento em filmes das imagens e o som. Depois disso, surgiu mais um concorrente: a computação.

Hoje as imagens e o som podem ser digitalizados e diretamente levados e armazenados no computador. O filme tenderá a deixar de ser necessário para esse fim. É só uma questão de tempo.

Com a filmadora, agregou-se o movimento e, posteriormente, o som à imagem, mas todos esses processos pressupunham a existência de uma superfície para ser projetada ou para ser impregnada. Essa necessidade praticamente já desapareceu, mas ainda é necessária a tela do computador. Como será com a holografia? Qual será o conceito de arte? E o mercado?

Ainda que a importância da informação venha a crescer no futuro, como poder ela tenderá a tornar-se cada dia mais efêmera. O conhecimento, a informação e a tecnologia não param de evoluir, porém tornam-se obsoletos ou "envelhecem" com uma rapidez cada vez maior. A tendência é que o conhecimento, a tecnologia e a informação venham a ser rapidamente aplicados ou utilizados e, portanto, de alguma forma partilhados, ou se desatualizarão e perderão o seu valor de oportunidade ou econômico.

Saber qual é a precisão desejável e a possível nos processos de modelagem, prospecção ou criação de cenários é uma das constantes preocupações de quem os monta.

As respostas que vamos obter em um modelo prospectivo dependem fundamentalmente da forma como conseguimos reproduzir os fatores significativos, os sistemas e os mecanismos que afetam os cenários que estamos buscando representar e também do conteúdo dos dados e informações envolvidos no processo.

Basicamente, quando nos referimos a forma estamos falando em identificar quais os fatores significativos ou desprezíveis na formatação de um modelo.

Na realidade, esse conceito deve também levar em consideração a relevância dos fatores para o contexto ou para o sistema do qual é parte integrante.

Existem alguns mecanismos mentais com os quais convivemos diariamente e que já incorporamos em nosso processo decisório ou de planejamento do nosso cotidiano. Isso acontece sem, necessariamente, levarmos em consideração a sua importância para identificar relações ou fazer previsões.

Algumas coisas só acontecem se existirem fatos, situações ou coisas que as precedem. São chamados fatores determinantes: se eles existirem, existe a probabilidade de outras coisas, situações, ações, fatos acontecerem.

Esses fatores determinantes podem ser constantes, que são os que não se modificam no processo, ou variáveis. Isso torna fundamental não somente identificar as variáveis e como elas atuam, mas também conhecer o seu grau de variação no processo.

Além desses fatores, existem os deterministas: quando eles existem, acontecerão determinados fatos, ações, resultados, situações etc.

Os sistemas, processos, mecanismos etc. feitos pelo homem buscam a perfeição do determinismo. Uma máquina é feita sempre buscando esse ideal: entrando esses produtos e havendo equipamentos e força motriz sairá exatamente aquele outro.

Porém, além de sermos capazes de reproduzir a forma e identificar os mecanismos e os fatores que influenciarão a formatação de nosso modelo, ele será alimentado por dados e informações. Isso pressupõe uma avaliação do volume de dados ou informações necessárias para criar uma representatividade estatística suficiente para avaliar como os fatores influenciarão as previsões dos cenários.

O importante é que essa massa crítica, ou a quantidade de informações, nos permita identificar as variáveis envolvidas e a lógica do processo.

A priorização faz parte de um mecanismo que está diretamente vinculado à relevância dos fatores envolvidos em qualquer processo. É extremamente importante em qualquer projeção, pois, ao identificarmos as competências, torna-se mais fácil visualizar quais os fatores que levaram à existência do nosso negócio e como eles deverão ser afetados ou reagirão no futuro. Por decorrência, nos permitirá priorizar onde deverão estar concentrados os nossos esforços.

Nas empresas um dos mecanismos mais simples para esse tipo de análise é identificar o posicionamento de onde estão alocados os nossos recursos e de onde vêm os nossos resultados. Esse processo é conhecido como a curva ABC. Basta alocar de forma hierarquizada, em ordem decrescente, os itens de receita e despesa da empresa para termos uma visão de como estamos tratando o nosso negócio ou as nossas competências. Diz a experiência que, geralmente, no primeiro terço dessa curva estão concentrados os maiores volumes de recursos humanos, tecnológicos e materiais. Porém, nem sempre eles correspondem às maiores fontes de geração dos resultados da empresa.

Essa análise nos permitirá ter uma orientação para onde devem ser alocadas as nossas maiores potencialidades. Aqui, nos ocorrem duas possibilidades que não são mutuamente excludentes:

- A primeira é, identificadas as nossas competências, direcionar as nossas prioridades para mantê-las atualizadas e desenvolvê-las no sentido de se adequar a mudanças previsíveis.

- A segunda é direcionada para incorporar as competências ou melhorar a gestão daquelas que são compradas de terceiros. Essa, atualmente, vem sendo a tendência de boa parte das empresas.

A experiência japonesa do controle de qualidade total demonstrou que a terceirização é um caminho a ser trilhado, pois, inclusive, libera a empresa para concentrar o foco de suas atenções na atividade principal.

Esse é o direcionamento que atualmente a maioria das montadoras está seguindo. Por um lado, estão se dedicando ao desenvolvimento, à qualidade e à comercialização dos seus produtos e, por outro, estão melhorando a gestão e a qualidade dos fornecimentos de terceiros.

Os riscos envolvidos são outro fator que deve ser considerado. A função de um gestor em uma atividade privada é exatamente maximizar os resultados, minimizar os riscos envolvidos na operação e defender o patrimônio da empresa dos riscos externos.

O risco sempre foi uma preocupação das empresas em geral e não é por acaso que elas estão incorporando aos seus processos decisórios mecanismos cada dia mais sofisticados para sua avaliação

Evidentemente, ainda não conseguimos evitar os riscos e as incertezas, mas caminhamos bastante no sentido de prevê-los e até de minimizá-los. Essa é a idéia de proteger as nossas competências, ao projetá-las nos ambientes futuros, onde estarão sujeitas aos mais variados riscos e incertezas.

Porém, deve-se ter em mente as limitações implícitas em qualquer método que venha a utilizar projeções. Projeções e planejamentos empresariais são instrumentos fundamentais para a gestão dos recursos e das competências de uma empresa, porém existe sempre uma diferença entre um modelo e a realidade.

Ainda que o instrumental de projeções tenha evoluído significativamente nos últimos tempos, elas continuam sendo mecanismos utilizados para identificar ou criar indicadores e expectativas que o contexto e suas tendências nos revelam.

Estamos falando de diferentes classes de riscos e incertezas. Sobre aqueles de origem interna, geralmente a empresa tem um elevado grau de influência. Já nos externos, a possibilidade de intervenção no processo é bem menor. Daí virmos enfatizando a necessidade de se antecipar a eles.

Para evoluir, somos levados a acompanhar os saltos quantitativos ou qualitativos de produção que, freqüentemente, vêm acompanhados de custos maiores.

Eles decorrem de limitações nos fatores de produção, especialmente máquinas, pessoal etc., necessários para atender as exigências de mercado, resultando em investimentos.

Mudanças tecnológicas implicam não só adaptações nas máquinas e equipamentos, mas, principalmente, mudanças ainda mais sérias e mais difíceis de serem implementadas, pois afetam as pessoas que operam as máquinas.

O tamanho do salto tecnológico no processo produtivo nem sempre é definido pelos fabricantes dos bens, sendo muitas vezes determinado pelas indústrias que constroem as máquinas. Os saltos tecnológicos nas novas máquinas e equipamentos também estão condicionados aos custos da própria tecnologia incorporada. Isso, por sua vez, é determinante na definição dos novos níveis de produção necessários para remunerar o investimento dos fabricantes.

Além disso, as máquinas e equipamentos mais modernos, até por uma questão de desenvolvimento tecnológico e economia de escala, são em geral fabricados em países mais desenvolvidos e não raro são dimensionados e direcionados a seus mercados. Nem sempre esse nível tecnológico atende em termos de volume ou características aos mercados menores ou menos desenvolvidos.

Se partimos do pressuposto de que uma empresa deve ser sempre sistêmica, também é verdade que ela é composta de diversos sub-sistemas, de departamentos e de setores comuns que interagem entre si, com o ambiente externo ou que dão suporte nas mais diferentes áreas de atuação.

A empresa pode executar todas essas funções ou adquirir os serviços ou produtos de terceiros, dependendo do grau de horizontalização ou de verticalização do seu processo produtivo ou de apoio. Estes, por sua vez, estão relacionados com as políticas empresariais ou com as características de infra-estrutura, localização da planta, existência de fornecedor, do próprio processo produtivo, do mercado ou do seu produto.

A polivalência, no passado, era um mecanismo mais comum e às vezes mais justificável, pois as dificuldades de suprimentos, transportes, comunicação e infra-estrutura forçavam as empresas a buscar sua auto-suficiência em quase todos os aspectos.

Atualmente, em decorrência da disponibilidade de fornecedores, de canais de venda e distribuição, da facilidade das comunicações, do desenvolvimento dos sistemas de gestão e controle, a empresa cada vez menos faz todas as funções do processo.

Isto nos leva a uma filosofia cujo direcionamento é o de concentrar-se na sua competência ou competências e, na medida do possível, adquirir de terceiros aquilo que não represente uma vantagem comparativa de sua empresa. Em outras palavras, concentre-se no seu negócio, utilize a sua capacidade de gestão e usufrua da competência alheia.

Porém, fazer com que a complementariedade de competências gere sinergia não é um objetivo tão fácil de ser atingido. Para as empresas que seguem rigidamente essa opção, os fornecedores passam a ser vistos mais como parceiros e praticamente são incorporados como parte integrante do processo ou da linha de produção.

A outra possibilidade é a aquisição, uma fusão ou uma participação acionária no fornecedor, que também não é um problema fácil de ser resolvido.

Essas soluções apresentam problemas maiores ou menores, pois, em qualquer dos casos, estamos introduzindo um corpo estranho no processo. As diferenças podem ir além do valor do investimento ou de uma mera formalidade legal, pois envolvem uma questão de cultura, de integração e de grau de dependência. Boa parte das dificuldades aparece nos conflitos que afloram nas características das estruturas informais ou até na própria organização formal, na sua rigidez hierárquica, no seu processo decisório, nos mecanismos de comunicação interna etc. Integrar diferentes culturas empresariais e mecanismos de processos decisórios ou fazer transferência e adaptação de tecnologia nunca deixou de ser complicado.

Especialmente com o processo de globalização, cada dia crescem mais as necessidades de contornar esses problemas, pois a internacionalização incorpora outras dificuldades, como diferentes línguas, hábitos e métodos de trabalho.

Não raro são fundamentais adaptações dos produtos, dos insumos, dos componentes importados ou exportados. O mesmo acontece com os conhecimentos, processos ou técnicas, que quase sempre precisam de uma "climatização" aos ambientes onde serão utilizados.

Em áreas como administração, contabilidade e recursos humanos existem importantes diferenças legais a serem levadas em consideração. As peculiaridades nos hábitos dos consumidores, nas características dos mercados, no marketing, na comunicação e na comercialização já cobraram altos preços de empresas de fora que não tiveram o necessário cuidado ou ignoraram essas diferenças.

A influência do fator tempo deve ser considerada com atenção. A gestão visando prazos mais curtos envolve a identificação da eventual defasagem em que nos encontramos, em termos de competência, frente aos aspectos tecnológicos e mercadológicos para, em um futuro imediato, enfrentar os nossos concorrentes e atender adequadamente aos nossos clientes.

Essa análise, sem dúvida, deve fazer parte do dia-a-dia das empresas. Mas existe um enfoque diferente no método de planejamento que as empresas, em geral, já realizam, com uma visão mais direcionada para as nossas competências.

O planejamento deve ser um processo de análise global, que começa do geral, ou seja do mercado, e vai para o particular (a empresa e sua competências), para somente depois ser recomposto, chegando-se a um número global.

Ao pensarmos em um futuro mais distante, aumentam significativamente os graus de incerteza, os riscos, o número de variáveis e a possibilidade de intervenção de fatores não conhecidos.

Por essa razão, sugerimos que a análise prospectiva seja simulada tendo em vista as soluções extremas e uma solução intermediária. Isso nos dará uma visão dos riscos envolvidos, ao mesmo tempo que possibilitará a criação de opções para as eventuais mudanças no contexto.

Aliás, os nossos modelos, em especial aqueles que projetam situações presentes no futuro, estão sempre sujeitos a correções no decorrer do tempo, em função das limitações do próprio modelo ou das variações verificadas.

Toda essa mecânica começa com a aceitação pela empresa de que é extremamente difícil, ainda que não impossível, para alguém envolvido no seu dia-a-dia:

- Ser capaz de tornar-se suficientemente isento para analisar um processo em que é parte integrante, e não raro formulador, sem qualquer pré-conceito.
- Estar sempre atualizado com a velocidade das inovações e o volume de informações característicos dos dias de hoje.

Por outro lado, torna-se fundamental lembrar que qualquer modificação estrutural não pode deixar de levar em conta a contribuição que somente pode vir daqueles conhecem a história e a cultura da empresa, que foram adquiridas pela vivência do processo e pelas experiências acumuladas. Isto evita tentativas utilizando propostas que se mostraram inadequadas no passado.

Mas a grande pergunta que normalmente aflora com relação a esse aspecto é: seriam elas também impróprias para os dias de hoje? A experiência mostra que mudaram o mercado consumidor, os processos de produção, a estrutura organizacional, modificaram-se os canais de distribuição, evoluíram as embalagens, os transportes, as técnicas de armazenamento e conservação etc. Ou seja, mudou todo um contexto que levou aos problemas do passado.

Ainda que nem sempre as empresas mantenham um histórico completo e isento, especialmente das tentativas malsucedidas, a solução passa por:

- Levantar os erros do passado e verificar se existem choques com o contexto atual.
- Identificar se a solução vai agregar uma competência.
- Verificar o custo-benefício de implementá-la simultaneamente ou de substituir a existente.
- Simular dentro de um cenário futuro se essa é uma competência que se manterá no tempo.
- Identificar o quanto de informação sobre o assunto existe na empresa, a forma como está armazenada e se está difundida adequadamente.

Algumas empresas que passaram por programas de qualidade entenderão como esses simples exercícios mostram:

- O quanto pode contribuir um funcionário envolvido diretamente com um processo ou uma rotina.
- O quanto a simples análise lógica de um processo, de uma técnica ou de um procedimento pode contribuir para novas soluções não pensadas anteriormente.

Note-se que a maioria dos programas de qualidade total, de aumento de produtividade e de reengenharia tem uma visão introspectiva das empresas e as ações deles decorrentes são dirigidas para reduzir ineficiências geradas por desvios de processos ou de mecanismos existentes. Eles pouco podem contribuir para o direcionamento da empresa em função de suas competências específicas, para a absorção de novas competências ou para uma visualização de como ela reagirá frente às mudanças contextuais.

A gestão das competências não invalida os programas de qualidade, pois os seus enfoques são completamente diferentes na atividade empresarial. Os programas de qualidade são um conjunto de conceitos, métodos, diretrizes e instrumentos utilizados para o desenvolvimento e racionalização de normas, rotinas e procedimentos, que tem como objetivo a criação de uma consciência, individual e coletiva, de gestão da qualidade dos produtos e serviços oferecidos ao mercado.

A gestão da competência é um método racional de análise empresarial cujo objetivo está direcionado para a identificação de competências sistêmicas ou setoriais da empresa, para avaliá-las com relação aos seus recursos endógenos e os fatores exógenos, de forma a propor opções para adequá-las às mudanças decorrentes das variáveis conjunturais e estruturais.

As tendências de mudanças conjunturais e estruturais estão diretamente relacionadas à exponencial evolução do conhecimento humano, que por conseqüência induz ao desenvolvimento tecnológico em geral, que atinge as empresas nos seus fatores produtivos e gera profundos câmbios sociais que influenciam o seu mercado e o ambiente em que estão inseridas.

As empresas precisam caminhar para a criação de uma massa crítica de pessoas que trabalhem para que as mudanças aconteçam.

Para isto o direcionamento do processo precisa:

• Tornar acessível a base de informações organizacionais aos colaboradores, para que possam contribuir para as transformações necessárias.
• Questionar as premissas ou processos que partem do pressuposto de que "sempre foram feitos assim ou "em time que está ganhando não se mexe".
• Encorajar o envolvimento dos colaboradores para que ativamente utilizem sua criatividade e imaginação para criar condições de adaptação a um meio ambiente em constante mudança.
• Reconhecer que o conhecimento implícito e aspectos humanos como ideais, emoções, valores e auto-estima são instrumentos que ajudam a desenvolver o conhecimento individual e conseqüentemente o corporativo.
• Propiciar a contribuição dos diferentes pontos de vista dos funcionários sobre assuntos que envolvam a razão de ser do negócio.
• Entender a organização como uma comunidade capaz de ser um elemento não só de ação funcional como também de transformações de sistemas tecnológicos.

Em suma, abrir as informações e os conhecimentos, disseminar e criar instrumentos para fazer com que eles permeiem a empresa de forma a permitir que os seus colabores passem a ser atores e não meros espectadores das transformações necessárias.

O Conhecimento Empresarial

Conhecimento, capital intelectual, ativo tecnológico e acervo de informações são termos que estão ficando cada dia mais em evidência. Isso mostra a crescente preocupação com o conhecimento, o quanto ele passa a ser visto como um importante patrimônio ou um ativo empresarial e como esse acervo está se tornando um bem cada vez mais valioso.

A consciência desse valor, porém, não é algo novo. Nas empresas, há muito tempo, criação, invenção, descoberta, processos produtivos ou características mercadológicas institucionalizadas já são considerados como propriedade intelectual. Atualmente, o enfoque do conhecimento existente nas empresas ampliou-se para muito além da simples existência de mecanismos de manutenção de arquivos de informações e a sua disponibilização para uso. O conhecimento empresarial engloba uma visão sistêmica e dinâmica orientada para:

- a formatação e tratamento ordenado do saber já existente;
- uma permeabilidade ao processo de agregar novos ensinamentos;
- a existência de instrumentos e mecanismos para facilitar sua disseminação na organização;
- a aplicação otimizada do seu acervo no seu processo decisório, na produção e distribuição de seus bens e serviços.

O objetivo dessa visão é permitir:
- um processo de continuamente incorporar, criar, gerar, identificar e desenvolver novos patamares de conhecimento;
- direcionar a sua aplicação eficientemente, criar, produzir e comercializar produtos e serviços adequados ao mercado;
- aumentar a sua capacidade de adaptação ao meio ambiente.

O conhecimento de uma organização passa a ser entendido como um capital ou ativo intelectual, mais pela sua qualificação intrínseca e pela aplicabilidade em seus processos decisórios e produtivos do que pela quantidade acumulada. Ele passa a ser entendido como um ativo quando é possível:

- Ser aplicado eficientemente em suas atividades. Desde a criação, o desenvolvimento, a produção, a comercialização e distribuição de seus produtos ou serviços;
- Mostrar-se viável, técnica ou economicamente, nos seus processos, na identificação de uma relação de causa e efeito ou na solução de um problema;

- Ser capaz de identificar a lógica ou descrever desde um sistema até a mecânica de um processo;
- Inserir-se no espírito de sua estrutura, nas suas políticas e estratégias;
- Refletir-se nas suas normas, rotinas e ações;
- Ser utilizado nos seus processos decisórios;
- Servir como alavancador de negócios;
- Tornar a organização permeável a mudanças, adaptações e evolução.

MODELOS NAS CIÊNCIAS DAS INFORMAÇÕES

Existem alguns modelos bastante utilizados em avaliações na área das ciências das informações, especialmente no que se refere à visão comportamental de quem necessita ou usa a informação.

Compreender a interação entre pessoas e informação não é uma tarefa fácil (necessidades, desejos, procura, captação, tratamento, usos etc.), pois é necessário relacionar o comportamento do usuário da informação com o seu contexto individual e o contexto sócio-cultural em que está inserido.

Para esse tipo de analise é necessária a criação de um questionário cujos resultados sintetizados em matrizes possam nos conduzir a padrões comportamentais nesses dois contextos. O modelo de T.D.Wilson direcionado para identificação de aspectos do usuário e sua interação com a informação tem-se mostrado extremamente útil para indicar para onde queremos direcionar nossos estudos:

- ❖ A necessidade da informação em si – O que as pessoas precisam ou querem saber;
- ❖ O uso da informação, sistemas e serviços para os usuários e não usuários (pessoas, papel ou eletrônica);
- ❖ Sucesso ou não do acesso à informação;
- ❖ A intensidade de troca de informações entre as pessoas;
- ❖ O uso que vai ser feito da informação.

Um modelo bastante usado é o que nos auxilia a determinar as situações, as lacunas e os usos da informação. O método, de forma simplificada, é o seguinte:

- ❖ O entrevistador procura levar as pessoas a descrever situações problemáticas e críticas, quando estão tentando resolver um problema ou desenvolver uma função (preencher um formulário, rea-

gir a uma situação de doença na família etc.).
* ❖ O entrevistador analisa depois o progresso das pessoas nesses processos, avaliando a importância da informação e as barreiras encontradas na comunicação.
* ❖ Finalmente, avalia o resultado do uso da informação envolvida.

Um dos subprodutos é avaliar se os resultados podem ser aplicados a um grupo maior de pessoas e se existe um padrão comportamental frente às dificuldades de comunicação.

Outro modelo que pode ser usado para a avaliação da real necessidade da informação e a sua procura pelo usuário é a análise entre o comportamento macro (o sumário da situação geral quanto ao comportamento frente à informação) e micro (a atitude frente a situações episódicas ou individuais) das pessoas:

Macro – Este é o comportamento que as pessoas tem com relação às informações do seu ambiente de trabalho, mas reflete também o comportamento de forma geral que as pessoas têm com relação ao seu contexto social. Os hábitos comportamentais refletem, no tempo, suas características e o seu temperamento natural como ser humano.

Micro – Os dados para análise podem ser coletados em entrevistas, questionários e pesquisas comportamentais de grupo, mas sempre vão exigir uma acurada observação do nível individual de participação que permita uma avaliação do que deve ocorrer na prática diária. Pesquisas distantes do local de trabalho, apesar de poderem contribuir, tendem a criar simplificações que não refletem a realidade.

Ao usarmos esses instrumentos ou modelos em uma instituição ou empresa, poderemos ter um importante cenário das necessidades reais de dados, informações ou conhecimentos disponíveis. Isto nos permitirá referências importantes nos diversos níveis de necessidade para criar os instrumentos e canais de armazenamento, tratamento, comunicação e acessibilidade dessas informações aos reais interessados.

CLASSIFICAÇÃO DO TIPO DE CONHECIMENTO

O desenvolvimento e aprendizado dependem de métodos de treinamento para a transferência da técnica, da mecânica nos procedimentos e/ou da destreza no uso dos instrumentos que transformam recursos em bens ou serviços.

Poderíamos classificá-los em:

➢ Conhecimento Científico – *Know Why (Modus sapiendi)*
Ele pressupõe saber a causa, o motivo ou a razão das coisas, ou seja, conhecer o porquê das leis de formação ou dos fenômenos físicos ou sociais.

➢ Conhecimento de como fazer – *Know How (Modus faciendi)*
É o conhecimento aplicado, que pressupõe conhecer como se processa a sua utilização no mundo real, ou ainda a maneira como as leis e as formulações teóricas são aplicadas e utilizadas nas empresas.

➢ Conhecimento da técnica de fazer – *Know This (Modus operandi)*
É o chamado saber instrumental, que decorre da execução de técnicas apreendidas e destrezas desenvolvidas, saber exercer uma atividade específica, ou seja, executar uma determinada tarefa ou função.

➢ Conhecimento generalista ou multidisciplinar
É o chamado saber que não exige um conhecimento específico para ser exercido, mas inclui competências que utilizam diversos conhecimentos específicos. Os profissionais normalmente iniciam suas carreiras como especialistas e terminam como generalistas. Algumas carreiras de início já exigem múltiplos conhecimentos de diversas disciplinas. Aliás, essa tendência está se tornando cada dia mais comum, devido às crescentes interdependências sistêmicas que a tecnologia exige.

Não raro encontraremos processos que exigirão simultaneamente conhecimentos que envolvem tanto o saber por quê, o saber como e o saber fazer isto. A diferença básica entre esses conceitos pode ser entendida com a comparação entre um cientista, um técnico e um jogador de basquete. O cientista é capaz de calcular e explicar as leis da física que descrevem a parábola para uma bola de basquete cair na cesta, mas raramente será um grande jogador. O técnico, que não é capaz de fazer esses cálculos, conhece e domina os princípios do basquetebol e pode aplicá-los para treinar uma equipe e traçar estratégias para ganhar os jogos. O jogador profissional é quem faz, ou ajuda a fazer, os pontos que levam a sua equipe a vencer. O jogador encestará muitas vezes sem ter o conhecimento ou a menor preocupação com as leis de física que interferiram para a bola chegar lá. Ele sabe, na prática, como deve jogar basquete e desenvolveu uma habilidade para fazer cestas.

A COMPETÊNCIA EMPRESARIAL

Poderíamos, em termos amplos, entender competência como a habilidade ou a capacidade, natural ou adquirida, de idealizar, criar, inventar, identificar, desenvolver, adaptar, reproduzir, transformar, transmitir um conhecimento, de fazer ou produzir algo que de alguma forma sensibilize alguém ou atenda as suas necessidades, desejos e anseios.

Mas a competência como habilidade ou capacidade humana somente passa a ter um significado quando é avaliada e reconhecida, através de instrumentos de medição e aferição, quantificações ou qualificações baseadas em padrões, índices, por julgamentos utilizando critérios de terceiros ou por outros meios.

Atualmente, procura-se fazer com que os produtos sejam percebidos pelo consumidor como portadores de um diferencial com relação aos demais no mercado.

Com a competência empresarial ocorre um processo semelhante, pois ela se identifica por um valor ou um diferencial percebido que sobressai e é reconhecido pelo mercado em uma determinada empresa quando comparada a seus concorrentes.

A competência empresarial é, portanto, uma capacidade desenvolvida pelas organizações de:

- ser capaz de identificar e atender adequadamente as necessidades dos seus consumidores;
- produzir bens e serviços otimizando a utilização de seus recursos humanos e materiais;
- incorporar nos seus colaboradores, fornecedores e canais de distribuição a filosofia de procurar atingir sempre os mais elevados níveis de eficiência e qualidade;
- possuir uma visão que direcione o uso do seu acervo de conhecimentos para estar sempre preparada para adaptar-se às mudanças do seu meio ambiente.

A competência empresarial induz não a um padrão absoluto e imutável, mas a dinâmicos referenciais incorporados em toda a estrutura organizacional e direcionados a padrões de excelência reconhecidos pelo mercado.

Essa visão pressupõe a convivência com rápidas e constantes modificações, pois, como já vimos, o meio ambiente está sempre evoluindo e, com ele, os próprios padrões e referências.

Empresas atuando nas mesmas atividades, ramos, segmentos e mercados, ou produzindo e comercializando os mesmos serviços e produtos, sempre apresentam alguma diferença que as distingüem uma das outras.

A busca desse diferencial é, há algum tempo, uma das metas das organizações, principalmente em função do crescimento da importância do cliente ou do aumento da concorrência. Algumas conseguem fazer isso de forma mais adequada que outras e, conseqüentemente, têm mais sucesso. Isso acontece porque algumas organizações são condicionadas para serem competentes.

Talvez a física nos permita fazer um paralelo para exemplificar as diferenças entre o conhecimento e a competência. O conhecimento pode ser entendido como a energia potencial aplicada e a competência como a energia utilizada para gerar resultados em algum sistema, como uma máquina. Dessa energia potencial, quando aplicada na máquina, perde-se uma determinada quantidade, que é absorvida para a propulsão do sistema. Outra parte é utilizada para fazer a máquina gerar resultados, ou seja, para atingir os objetivos para os quais foi construída. Quanto menor for a perda de energia e maior a sua utilização pelo sistema e no processo, maior será a sua eficiência. A competência é na realidade a relação ente a energia aplicada e aquela utilizada no processo de produção e a incompetência é a energia que se perde no sistema.

A GESTÃO DO CONHECIMENTO

Podemos definir a gestão do conhecimento como uma metodologia empresarial que engloba todo o processo organizacional para atingir a combinação sinérgica do processamento de dados e informações, da tecnologia da informática e da criatividade do ser humano para maximizar o uso de seu acervo tecnológico. Ela deve propiciar a adaptação a um meio ambiente em constante evolução, com o objetivo de formatar esse acervo, disponibilizar as informações ou as experiências acumuladas e estar permeável a adicionar novos patamares do saber para aprimorar o seu processo decisório.

Essa metodologia pressupõe a identificação, análise, interpretação e avaliação dos conhecimentos específicos, para utilizá-los na otimização dos recursos da empresa, no atendimento às necessidades do seu mercado e com um direcionamento que vise uma adequação às atuais circunstâncias e às futuras mudanças do seu meio ambiente.

Qualquer análise desse processo passa pelas seguintes avaliações:

- **Quanto às informações:**
- O que é realmente informação com conteúdo empresarial?
- Qual informação deve ser preservada?
- Como racionalizar a sua captação, formatação, tratamento e utilização?
- De que forma fazê-las fluir na empresa?
- Quem deve compartilhar desse acervo?
- Qual a velocidade com que se tornam obsoletas?
- Como mantê-las atualizadas?

- **Quanto ao conhecimento:**
- O que é conhecimento empresarial?
- Como podemos identificá-lo?
- De que forma podemos preservá-lo?
- Como utilizá-lo para otimizar os recursos das empresas?
- Como mantê-lo sempre atualizado?
- Como adaptá-lo às necessidades e aos desafios presentes e futuros?

Na maioria dos casos, estaremos diante de competências utilizadas em uma empresa no *saber como* administrar, produzir ou comercializar bens e serviços ou no *saber fazer isto,* que é a utilização de técnicas e destrezas desenvolvidas. Mas nessa classificação também existem as chamadas áreas de superposição de características comuns, não mutuamente excludentes.

Basta lembrar que certas atividades ou profissões, para serem exercidas, exigem diversos tipos ou especialidades de conhecimentos específicos. Isto deve-se ao fato de que a perícia no uso de um instrumento ou a destreza no fazer nem sempre podem ser separadas do conhecimento do como ou do por que fazê-lo.

Um cirurgião precisa ter destreza ao usar um bisturi e ao mesmo tempo necessita conhecer como funciona o corpo humano para, ao fazer uma cirurgia, poder avaliar seus resultados no sistema como um todo. O mesmo acontece nas empresas.

A GESTÃO DA COMPETÊNCIA

Ao falar de competência empresarial, estamos falando de ter um diferencial positivo com relação aos atores do mercado, ou seja, ser mais eficiente que os concorrentes diretos e indiretos, produzir, comercializar e distribuir bens ou serviços que atendam de forma mais adequada às necessidades específicas dos clientes. Seria algo como dizer que o conhecimento pode levar à eficácia, mas a competência nos leva mais perto da eficiência. Ou mais perto do sucesso.

A eficiência pressupõe a capacidade atingir metas através de ações em que as utilizações dos recursos disponíveis são otimizadas. Para alcançar os seus objetivos, as ações eficientes maximizam resultados ou evitam perdas, sejam de energia de recursos ou do uso dos fatores de produção.

Por sua vez, a eficácia sugere a existência de uma qualidade de ser capaz de realizar algo, de atingir os objetivos.

O professor Cecil Tilton[9] utilizava em suas aulas um exemplo que mostrava exatamente a diferença entre os dois conceitos:

"Se quisermos coçar a ponta da orelha direita podemos usar três métodos diferentes, pelo menos:

- *Um complicado, usando a mão esquerda passando pela frente do rosto;*
- *O mais complicado, usando a mão esquerda passando por trás da nuca;*
- *O mais simples, usando a mão direita.*

Apesar de todos serem eficazes, pois você conseguiu coçar a ponta da orelha, o mais simples é o método mais eficiente. Você utilizou menos esforço ou utilizou racionalmente as suas forças."

AS CONDICIONANTES DO PROCESSO

Além da identificação dos tipos de conhecimento que são utilizados nas empresas, necessitamos coletar informações e identificar uma série de outras características para compor um quadro que permita visualizar

---

[9] *O prof. Cecil Tilton participou da equipe do general MacArthur, que esteve envolvida na reconstrução econômica do Japão.*

a situação atual do seu nível de conhecimento e das suas competências, criar parâmetros para a sua avaliação e definir os objetivos que nortearão a sua projeção para o futuro.

Basicamente, o objetivo é identificar como têm evoluído os conhecimentos existentes e os diferenciais de competência e criar ou buscar referências para avaliar essa evolução e projetá-la no futuro. Isso significa saber como chegamos até aqui, como as mudanças previstas nos afetarão, como estaremos em futuro próximo se forem mantidas essas tendências e como ficaremos se nos prepararmos para essas possíveis transformações.

Para isto é fundamental:

- Identificar se esse conhecimento é decorrente do sistema como um todo ou se ele se encontra restrito a uma parte dele, a um subsistema ou área específica da empresa.
- Indicar se, quando esses conhecimentos existem, eles podem ser considerados uma competência que distingüe sua empresa ou seus produtos e serviços dos demais e por que as coisas aconteceram assim.

Identificar simplesmente qual o tipo e onde se localizam os conhecimentos e as competências em uma empresa é uma visão introspectiva que, quando muito, permite analisar a sua evolução, no tempo, com referência a si mesma. Torna-se, portanto, necessário ter um referencial de comparação com o estado da arte, com os seus pares ou com o que existe no mercado e avaliar se esse conhecimento representa uma real e reconhecida vantagem comparativa sobre seus concorrentes, ou seja, se é uma competência.

É importante saber quem são os concorrentes diretos ou indiretos e como estamos com relação a eles, por exemplo, quanto a:

- capacidade de gestão
- liderança
- estrutura organizacional
- localização espacial
- qualidade do material humano
- tecnologia utilizada
- processo produtivo
- compra de matéria-prima

- criação de novos produtos
- comercialização
- processo de distribuição
- atendimento pós-venda
- prestação de serviços
- satisfação dos clientes
- comunicação com o público.

Empresas do mesmo ramo e comercializando os mesmos produtos ou serviços nem sempre apresentam competências que representem vantagens comparativas, em áreas semelhantes. A competência pode até ser decorrente de decisões passadas, como investimentos corretos, adequada localização, a descoberta de um nicho de mercado, o aproveitamento de um salto tecnológico e assim por diante. Mas o importante é saber como ela se comportará no futuro ou como será influenciada pelas mudanças possíveis.

A competência não pode ser vista e analisada simplesmente dentro de uma visão estática. Entre outras coisas, as exigências e as características da competência no tempo mudam em função da tecnologia e do meio ambiente em que vive a empresa, pela evolução da legislação, da concorrência, do contexto social e conseqüentemente do mercado.

A DIVERSIDADE DAS EMPRESAS

Existe uma enorme e significativa diversidade nos processos produtivos de bens e prestação de serviços, que não só influenciarão as estruturas das empresas como necessitarão de enfoques diferentes na forma de se identificar as suas competências.

Existem processos produtivos que envolvem:
- uma atividade contínua
- uma atividade descontínua
- um tipo de produto ou serviço
- diversos tipos de produtos ou serviços
- produtos ou serviços padronizados
- produtos ou serviços sob encomenda
- processos padronizados de produção
- processos diferenciados de produção
- um único processo de produção
- diversos processos de produção.

Esses múltiplos processos, sem dúvida, levarão à existência de competências também diferenciadas.

Essas diferenças influenciam a estrutura organizacional, permeando toda a empresa e condicionando até os canais de captura, a forma de transmissão, o seu tratamento e a utilização das informações.

Em um processo produtivo contínuo e repetitivo de produção, pode-se utilizar, até por uma relação de custo/benefício, padrões de custo que serão suficientes para os controles orçamentários. Porém, esse processo levaria uma empresa de bens ou serviços por encomenda a um total descontrole orçamentário. Em uma empresa industrial o enfoque orçamentário está normalmente voltado para controlar custos variáveis e alocar os respectivos custos fixos em cada unidade produzida. Além do custo variável, o custo unitário geralmente é bastante afetado pelo custo fixo, em função das quantidades produzidas.

No caso de empresas de serviço sob encomenda, geralmente o custo fixo é pouco significativo na composição dos custos de produção. O enfoque deve ser direcionado para saber o montante dos custos operacionais e se a margem é suficiente para cobrir os custos indiretos ou não operacionais, sejam eles custos fixos ou variáveis.

O TIPO DE ATIVIDADE

Em função do impacto da Revolução Industrial, durante um longo período deu-se muito mais importância aos aspectos relacionados à produção de bens do que àqueles referentes à prestação de serviços.

Assim como a produção industrial, a área de serviços envolve uma gama extremamente abrangente, ampla e diversificada. Existem serviços que têm uma conceituação muito bem definida, como a prestação de serviços bancários ou de um encanador. Porém, em outros o grau de subjetividade na avaliação é muito grande, como em uma decoração ou em uma peça de publicidade. Isto cria alguns aspectos que devemos considerar.

Existe uma intangibilidade maior na prestação de serviços do que nos produtos industrializados. Estes têm aspectos físicos bem mais definidos e, geralmente, os resultados de sua utilização são muito mais perceptíveis ao consumidor.

Em alguns tipos de prestação de serviços, a ausência desses aspectos físicos cria uma expectativa menos palpável do comprador, que, entretanto, deve ser atendida. Como estamos falando de seres humanos, essas expectativas não são necessariamente iguais para todos os usuários.

Além disso, quanto maior o grau de subjetividade maior é o problema de comunicação entre o prestador de serviços e o usuário. Por mais padronizada que seja essa comunicação, o entendimento do usuário não é necessariamente tão homogêneo.

Isto nos leva à necessidade de criar certo grau de confiança entre o usuário e o prestador de serviços. A escolha do banco em que vai guardar ou aplicar o seu dinheiro, o advogado que vai defender os seus direitos, ou o médico que vai operar o seu corpo são exemplos bem típicos da confiança envolvida. Por decorrência, a imagem que se tem do prestador de serviço passa a ser um fator extremamente importante.

Criar um nível de confiança, saber comunicar-se com os consumidores ou ter planejamento e controles eficientes podem ser competências importantes, que não raro fazem a diferença.

Algumas prestações de serviços tendem também a ser extremamente semelhantes, como no caso das companhias de aviação, que oferecem os mesmos roteiros e os mesmos equipamentos. O mesmo acontece ainda nas locadoras de carros e vídeo. Nesses casos, é fundamental identificar e criar diferenciais de atendimento. Às vezes o atendimento pode não ser o desejável, mas a qualidade do serviço prestado ou do equipamento oferecido é que faz a diferença na decisão de compra do usuário.

Porém, existem ainda muitos outros aspectos a serem considerados.

A DIFERENÇA ENTRE IGUAIS

As empresas, apesar de semelhantes, de atuarem no mesmo ramo, produzirem os mesmos produtos, prestarem os mesmos serviços, não são iguais. Pois empresas produzindo o mesmo produto ou prestando os mesmos serviços não têm necessariamente a mesma competência em seus diversos sistemas, subsistemas ou setores. As competências variam também conforme o grau de complexidade e a amplitude de atuação em cada setor de atividade.

Essas diferenças aparecem no processo produtivo, na comercialização, na administração, na capacitação dos funcionários e na gestão do sistema como um todo.

Teoricamente as empresas que prestam serviços ou produzem o mesmo produto ou prestam serviços idênticos são sistemas cuja lógica básica tende a ser a mesma. Mas evidentemente o resultado não é igual.

Do mesmo modo que, mesmo possuindo basicamente o mesmo sistema, cada pessoa obtém diferentes resultados na sua vida, empresas, apesar de utilizarem o mesmo sistema, tiram dele resultados diferentes. Umas se saem melhor que as outras.

Apesar de as empresas não serem sempre competentes em cada um de seus setores, elas continuam a existir porque a somatória de suas competências atende às necessidades e exigências dos seus consumidores. Ou seja, os produtos e serviços oferecidos pela somatória das competências da empresa respondem, de alguma forma, à necessidade do seu mercado, do seu segmento ou do seu nicho mercadológico, por aspectos como qualidade, preço, uso, volumes, embalagens, financiamento, prazo e local de entrega e inúmeras outras características do produto ou serviços.

O que se propõe é uma metodologia para identificar quais as competências que atendem melhor o consumidor atualmente e como gerenciar os recursos da empresa com vistas a atendê-lo melhor hoje e no futuro.

Apesar desse enfoque nitidamente mercadológico, a gestão da competência vai além. Ela busca não somente identificar quais as competências existentes, em que setores elas são empregadas, mas também avaliar como agir para melhorar a sua performance e como elas serão afetadas no futuro pelo avanço tecnológico nos diversos setores da empresa: na produção, distribuição, armazenagem, comercialização etc.

Apenas para exemplificar, vamos imaginar duas empresas que produzam isqueiros de metal: uma altamente verticalizada, que produz praticamente todas as sua peças, e outra que terceirize a produção.

Ambas produzem e comercializam produtos semelhantes, porém uma é uma montadora e a outra fabrica as partes e também monta. Existe um processo extremamente semelhante, mas em importantes fases da produção utilizam-se conhecimentos e competências completamente diferentes.

Em ambas poderíamos dizer que o sistema de criação do produto é idêntico. Mas naquela que é verticalizada o conhecimento e a competência deverão estar direcionados para o planejamento, a produção e o controle de qualidade das peças que produz e monta. Naquela que é apenas montadora o conhecimento e a competência serão completamente diferentes, pois o planejamento, a entrega e o controle de qualidade são direcionados para as peças produzidas por terceiros e que, ao serem montadas, transformam-se em um isqueiro praticamente igual ao do seu concorrente. Assim, em ambas, ainda que os conhecimentos possam ser bastante semelhantes, as competências serão bastante diferentes.

A NECESSIDADE DE ANTECIPAR-SE AOS FATOS

Existe uma tendência natural em uma significativa parcela das empresas de, com o tempo, aceitar que processos, mecanismos, procedimentos utilizados são os melhores que puderam ser desenvolvidos até então.

Os argumentos lógicos para essa postura estão fundamentados em uma visão introspectiva, em uma análise de curto prazo e na dificuldade de quantificar os custos e os benefícios de mudar a sua estrutura organizacional ou operacional, ou ainda nas dificuldades de adaptar-se aos câmbios exigidos pelo ambiente externo. Em geral, é por essa razão que as empresas tendem a não fazer profundas e radicais reestruturações organizacionais e sim modificações direcionadas para a solução de problemas específicos de relações funcionais.

Como raramente uma estrutura é sempre totalmente estável, naturalmente ocorrem mudanças episódicas em determinados setores da empresa que também se refletem nos demais, mas esse não é um processo de evolução direcionado sistemicamente. Com isto, torna-se difícil identificar quando uma empresa está em um processo de estagnação e mais difícil ainda é dizer se já está completamente estagnada.

As empresas de maior sucesso estão constantemente voltadas para atualizar-se tecnologicamente e pesquisar e desenvolver novos métodos ou formas de se antecipar às tendências do avanço tecnológico. Por outro lado, empresas mais conservadoras e bem-sucedidas defendem a premissa de somente adaptar-se ao seu meio ambiente.

O fato é que ainda hoje as mudanças ocorrem, de forma geral, como ações corretivas e não preventivas, como solução a um problema específico e não como antecipação a previsíveis modificações no contexto. Entretanto, estamos em um ambiente completamente diferente daquele em que vivíamos há tempos atrás e, atualmente, reagir simplesmente após as mudanças acontecerem pode não ser uma boa solução.

A IMPORTÂNCIA DA VISÃO DA OPERAÇÃO

Na moderna gestão empresarial, as empresas têm a preocupação com a razão de ser do seu negócio. É a chamada preocupação com o coração dos negócios da empresa *(Core Business)*.

Com isto, as empresas passam a horizontalizar o foco de seu interesse e esforço. Passam a terceirizar ou a fazer acordos com os seus fornecedores para que todo processo não específico e não intrínseco aos seus negócios passe a ser fornecido por terceiros.

Isso muda completamente não só a visão empresarial, mas a gestão, o direcionamento dos fatores de produção e os enfoques sobre as próprias funções exercidas pela empresa.

Essa mudança tem como implicação mais séria o fato de que a imagem ou a marca, institucional ou de produto, continua sendo responsabilidade da empresa, e não dos eventuais fornecedores terceirizados. Um comprador ou usuário de um serviço não está preocupado com quem forneceu uma peça ou prestou um serviço. Um proprietário de um automóvel nem sabe quem fez o freio do seu carro, mas a responsabilidade é da montadora. São a marca e a imagem dela que estão sendo avaliadas pelo mercado.

O acompanhamento do desempenho de uma empresa utilizando valores monetários é extremamente importante. Porém, elas atualmente estão se conscientizando da necessidade e utilizando com maior freqüência um tipo de orçamento que tem se mostrado mais eficiente do ponto de vista gerencial: o orçamento operacional ou de performance.

O orçamento operacional, ou de performance, e seu acompanhamento nos possibilitam visualizar, em um determinado espaço de tempo:

- os recursos humanos e materiais utilizados
- os padrões de performance definidos
- os índices de qualidade estabelecidos.

Os índices, as quantidades, os padrões devem ser indicados pelas diversas áreas da empresa quando da formatação do orçamento operacional, e alimentados em um módulo de acompanhamento específico.

Periodicamente, esses dados serão acompanhados pelas informações fornecidas pelos diversos setores da empresa em função do andamento da operação, da área, obra ou projeto. A partir daí, será feita uma comparação com os dados já registrados no sistema e as informações fornecidas pelas diversas áreas e poderemos medir e avaliar os seus desvios.

A MONTAGEM DE CENÁRIOS

Os modelos são instrumentos extremamente úteis para a compreensão dos sistemas e seu funcionamento, pois são mecanismos de simplificação da realidade. Eles permitem compreender as suas inter-relações, a mecânica de seu funcionamento e as suas funções e identificar como reage ao variar um dos seu componentes isoladamente (variável) quando as demais partes são mantidas em seu regime de comportamento normal (constantes).

Em economia, por exemplo, usa-se a hipótese de *ceteris paribus* como mecanismo para, mantidos os demais fatores constantes, isolar uma ou mais variáveis, identificando suas relações e verificando como o modelo reage.

Os engenheiros costumam utilizar um mecanismo semelhante conhecido como "CNTP", com o qual, mantidas as condições normais de temperatura e pressão, se introduzirmos esta ou aquela variável o modelo reagirá desta ou daquela forma.

Uma das definições de modelos é que eles são representações ou reproduções das coisas, relações, ações, fatos ou atos. Portanto, os modelos são também representações lógicas de um problema, um processo, um sistema etc.

Um modelo pode ser simples ou complexo, dependendo do problema, do processo ou de quem o faz. Nesse sentido, podemos chamar determinados modelos de projetos, pois eles nada mais são que uma prévia modelagem de uma obra ou ação a ser feita.

Para criar cenários, usam-se as simulações, que nada mais são do que uma manipulação de um modelo de maneira a permitir a visualização ou a compreensão de como ele opera em tempo e em espaços pré-definidos.

Os resultados obtidos com os modelos, simulações ou projetos dependem da forma como eles são construídos, mas eles são sempre úteis porque:

- Eles podem ser mais ou menos precisos mas, de qualquer forma, ajudam a tornar o nosso raciocínio mais prudente ou cauteloso.
- No processo de criar ou usar-se um modelo ou um projeto, os reflexos decorrentes de informações erradas ou imprecisas se tornam mais evidentes.
- Qualquer modelo, simulação ou projeto, em especial aqueles que permitem visualizar situações presentes no futuro, está sujeito a forças ou fatores conhecidos e desconhecidos, que afetam seu resultado.

Às vezes, é mais fácil para o ser humano, racionalmente, visualizar e aprender com as representações da realidade do que com ela propriamente dita. É por essa razão que usamos metáforas, representações e modelos.

Na medida em que acompanhamos e controlamos a evolução de um projeto, somos alimentados com informações que nos permitem, através do reconhecimento dos desvios, identificar suas causas e fazer a correção no seu direcionamento.

A modelagem é também um exercício de planejamento e de aprendizado contínuo que tende a ficar mais preciso na medida em que, no tempo, são identificadas as suas discrepâncias e reconhecidas as razões pelas quais as variáveis não reagiram conforme estava previsto.

Cabe lembrar que uma empresa é um organização social e é necessário considerar os aspectos decorrentes das reações e do relacionamento humano e também compreender como esses mecanismos interagem. Além disso, ela é influenciada por fatores internos sobre os quais tem um alto grau de interferência e fatores externos, ou o seu meio ambiente, sobre os quais o seu grau de influência é relativamente menor ou, às vezes, quase nenhum.

Daí decorrem as razões pelas quais o grande desafio ao se modelar ou projetar um cenário seja adequar, ou tornar compatíveis, os fatores internos da empresa com as mudanças no seu ambiente externo.

Ainda que a futurologia tenha se mostrado pouco confiável, a simulação, a prospecção e a projeção de cenários futuros são instrumentos fundamentais para o planejamento de qualquer empresa.

Hoje, já utilizamos a teoria dos jogos em ambientes com alto grau de incerteza, criamos modelos baseados na teoria do caos ou na lógica nebulosa e usamos redes neurais que são capazes de reproduzir alguns mecanismos do raciocínio humano. As redes neurais inclusive "aprendem" com os erros e não deixam de ser uma forma primária de inteligência artificial.

Os modelos caóticos nos mostram que as suas projeções são seriamente afetadas por desvios iniciais, nem sempre tão perceptíveis. Já na lógica nebulosa, esses fatores ou variáveis são representados não por valores absolutos mas por probabilidades de graus de verdade. Por exemplo, dentro dessa visão, uma floresta de árvores altas levará em consideração também árvores que podem ser descritas como razoavelmente altas.

As previsões envolverão premissas com diferentes possibilidades de serem falsas, quase falsas ou verdadeiras ou quase verdadeiras e projetarão ocorrências como: vai ocorrer, pode ocorrer, provavelmente pode ocorrer ou pode não ocorrer etc. Em um modelo com essas características serão geradas diversas opções possíveis de resultados que, paradoxalmente, nos levam a maiores graus de precisão, porém criarão outro tanto de eventuais soluções. Ou seja, o grau de segurança aumenta na proporção em que aumenta a incerteza.

Somente como exercício, vamos relacionar alguns fatores que poderiam ser levados em conta atualmente em uma projeção de cenários:

- **A velocidade e amplitude das mudanças**
    - Os entraves às transformações
    - A concentração da urbanização
    - A má distribuição dos benefícios (renda, saúde, educação, estrutura sanitária)
    - A fuga das indústrias das mega-cidades
    - O aumento da importância da área de serviços
    - As diferentes dinâmicas sociais
    - As mudanças das relações de emprego
    - As novas necessidades de capacitação dos empregados
    - Os reflexos da informática e robotização
    - A redução estrutural dos empregos
    - O aumento da insegurança vivencial
- **O processo de globalização**
    - A internacionalização e interdependência econômica

- A interação social, política e cultural
- A consolidação de blocos econômicos
- O conflito entre interesses nacionais, os grupos econômicos e entre eles
- O crescimento da integração e do comércio internacional
- A importância das vantagens comparativas
- Os produtos mundiais
- Os fornecimentos intranacionais
- As diferenças de produtividade
- A influência das empresas e dos capitais transnacionais
- A necessidade de sua regulamentação
- O poder de barganha dos atores

- **A evolução tecnológica**
  - A velocidade do processo
  - A relação entre saber e tecnologia
  - A informática e a robotização
  - Os reflexos nos empregos e relações de emprego
  - Os reflexos na produtividade e qualidade
  - A evolução dos instrumentais e das ciências
  - A volatilidade do conhecimento
  - Os limites entre realidade e realidade virtual
  - Os impactos e saltos tecnológicos
  - Os problemas sociais, morais e éticos
  - A distribuição dos benefícios

- **A evolução do mercado**
  - A importância do consumidor
  - A comunicação
  - A mudança da relação entre produtor e consumidor
  - O direcionamento da produção
  - A homogeneidade e a individualidade dos mercados
  - A massificação e a segmentação
  - Os novos segmentos
  - A nova visão do meio ambiente
  - As novas legislações de defesa do consumidor
  - A força e os direitos do consumidor

Além disso, seria necessário levar em consideração as condicionantes nacionais e as diferenças entre os países em diferentes estágios de desenvolvimento.

Não só a globalização como a evolução da tecnologia e as transformações sociais, políticas, culturais e econômicas daí decorrentes, e também os problemas crônicos e as próprias necessidades internas dos países menos desenvolvidos, fatalmente serão confrontados com legislações e instituições que se tornarão completamente ultrapassadas em um futuro próximo. Isso levará a choques institucionais, de jurisdição e inclusive conflitos de legislações que se tornarão desatualizadas rapidamente tanto a nível de nações como de organismos supranacionais.

A velocidade e a profundidade das mudanças introduzidas pelo processo de globalização, o avanço tecnológico e as mudanças sociais exigirão modelos econômicos compatíveis com o novo contexto. Isso será crucial para o desenvolvimento econômico, para captação de investimentos e de recursos externos ou para a adequação aos blocos econômicos.

Os mercados tendem a se globalizar e esses modelos deverão ter uma orientação mais consistente com uma visão de políticas sistêmicas mais universalizadas e menos pontuais ou introspectivas. A falta de políticas industriais, agropecuárias e tecnológicas bem definidas tenderá a gerar constantes confrontos institucionais e de interesses, tanto nacionais como internacionais.

O desenvolvimento da infra-estrutura sócio-econômica será vital. Eletricidade, tratamento de águas e esgotos, comunicação, malha viária, armazenagem serão fundamentais nesse processo. Qualquer processo de desenvolvimento e adequação ao novo cenário esbarrará em gargalos de inexistência ou limitações de infra-estrutura. Reduzir os níveis de desperdícios e ineficiência típicos dos países menos desenvolvidos será fundamental.

Ainda que o índice de crescimento demográfico dos países mais desenvolvidos tenha diminuído, a população mundial ainda apresenta taxas preocupantes.

Uma das mais importantes tendências será que os países mais desenvolvidos vivenciarão um envelhecimento da população, principalmente em função do aumento da expectativa de vida. Com isso, custos sociais aumentarão e serão pagos por uma população economicamente ativa menor.

Resumidamente, temos como ingredientes para projetar cenários futuros algumas premissas e parâmetros com contornos definidos e outros que ainda são difíceis até de serem imaginados. Entretanto, as mudanças não são novidade para o mundo.

As empresas e as pessoas devem estar conscientes de que, em função das mudanças por que o mundo vem passando, elas estarão vivendo em um ambiente instável, o que também se refletirá nas suas instituições e mesmo na sua vida. Basicamente, é isto que está ocorrendo.

Conclusões

O capítulo inicial deste livro concluiu que a rápida evolução da tecnologia chegou também ao setor do conhecimento, pois atualmente uma informação tende a se tornar obsoleta em curto espaço de tempo. A velocidade das mudanças, paradoxalmente, faz com que o conhecimento tenha um valor limitado, pois, caso não seja imediatamente aplicado, perde seu valor.

É muito importante nos dias de hoje saber preparar-se para as mudanças antes que elas aconteçam. O fabricante de chapéus que não diversificou sua linha de produção foi simplesmente excluído do setor ou desapareceu.

Naturalmente, cada empresa precisa conhecer bem o seu mercado e, se possível, o seu consumidor. A idéia do mercado impessoal e padronizado está tendendo a desaparecer: hoje as empresas brigam pela identificação do perfil cada vez mais segmentado do seu consumidor.

É claro que não é fácil mudar. Para uma empresa acostumada a fabricar um produto que sempre lhe deu lucro, é difícil aceitar que alguém simplesmente chegue e lhe diga o que fazer, sugerindo inovações com o abandono do produto tradicional e sua substituição por sucessores mais sofisticados.

Foi o caso da empresa automobilística Ford. Quando os assessores de Henry Ford lhe disseram que havia chegado o momento de aposentar o modelo Ford T para lançar substitutos, ele reagiu: "Como seria possível mudar seu modelo tradicional T?".

Atualmente, o que aconteceu com Ford acontece com todos os empresários em maior ou menor escala. Diariamente, o empresário é obrigado a presenciar a mudança: nos gostos do consumidor, na moda, na descoberta de novos produtos.

O que fazer? A única saída é a adaptação contínua.

Entre os fatores que mais aceleram o fenômeno das mudanças, gerando incertezas, está o processo de globalização, discutido no capítulo 2.

Em termos da mudança estrutural, causada pelo processo de globalização, podem-se destacar as alterações introduzidas no próprio processo produtivo. No início do século XX, a produção industrial era baseada no conceito mecanicista, na abundância de matérias-primas e, dependendo do setor, de capital. Hoje, a principal variável da produção tende a ser baseada em conhecimentos. Isso implica que a empresa que não dispuser de tecnologia ou conhecimentos não conseguirá perdurar no mercado.

Um aspecto fundamental na questão do conhecimento é saber diferenciar entre tecnologia *(know-how)*, inovação tecnológica e difusão tecnológica. Em geral, quando se discute tecnologia, está se discutindo um modo específico de se produzir um bem: daí o conceito de *know-how*, ou seja, saber como produzir.

Quando se utilizava o arado ou a foice para produzir bens agrícolas, estes eram a tecnologia predominante. Quando se passa a utilizar o carro de bois, ou algumas vezes o carro puxado a cavalo, como nos EUA, dá-se um salto tecnológico. A introdução de máquinas agrícolas no campo, utilizando uma tecnologia desenvolvida para o transporte de pessoas, como o carro, representa uma inovação tecnológica. Nesse caso, a inovação representa um salto tecnológico, mas é evidente que ocorreram várias fases de inovação entre um estágio e o outro.

A inovação tecnológica pode ser linear, porém algumas empresas, e principalmente países, que não podem se dar ao luxo de esperar tanto tempo para modificar seus produtos, preferem dar saltos tecnológicos. Um exemplo desse fato foi o Brasil na área de celulares. O país esteve fora do mercado de celulares até meados dos anos 90, quando já existia tecnologia para permitir que as pessoas se comunicassem sem o uso de fios, a partir de um aparelho móvel, de qualquer ponto do planeta para outro. No entanto, a legislação brasileira estipulava fortes reservas à entrada de empresas privadas no setor. Quando o setor foi finalmente aberto à competição privada, a partir de 1997, a tecnologia introduzida no Brasil foi a mais moderna existente. Dessa forma, o Brasil deu um salto tecnológico, poupando anos de pesquisa.

A difusão da tecnologia representa uma esperança para os países em desenvolvimento. As tecnologias existentes e as inovações tecnológicas permitem a qualquer país entrar no mercado no momento em que desejar, ou que se tornar viável, mesmo se não tiver tradição e for bem-sucedido. Os próprios agentes econômicos se encarregarão de atualizar o país tecnologicamente.

Paradoxos entre conhecer e utilizar

Quais as causas que levam uma empresa, ou país, a possuir conhecimento e não difundi-lo ou utilizá-lo?

A viabilidade econômica – Toda empresa, quando realiza pesquisas, está fazendo investimentos e espera um retorno disso. Algumas empresas estão dispostas a esperar um retorno a longo prazo, como as japonesas; a médio prazo, como as norte-americanas, ou a curto prazo, como as brasileiras. Mas todas esperam um retorno.

A pergunta natural seria: quem determina se o bem será economicamente viável ou não?

Aqui as coisas começam a se tornar realmente complexas. Inicialmente, são feitos estudos sobre o tamanho de mercado, a importância do bem, o desejo do consumidor de adquiri-lo, a renda do consumidor, sobre a concorrência, a existência de um substituto próximo etc.

Até os anos 60, as estimativas dos mercados eram feitas numa base nacional, tomando-se o mercado do país de origem da empresa como referência.

Hoje a referência é o mercado onde a empresa atua, seja no plano regional, seja no global. Com isso, o estudo e os cálculos de retorno do investimento tornaram-se mais complexos.

Conseqüentemente, as empresas se tornaram cada vez mais reticentes em lançar produtos inteiramente novos ou revolucionários. Hoje tende-se a investir em produtos que já estão no mercado, aperfeiçoando-os ao limite, ou a utilizar outros produtos, integrando-os aos seus. Esse procedimento possibilita reduzir os custos de pesquisa e aumentar o grau de certeza e confiabilidade nos produtos lançados.

Por outro lado, o contra-efeito dessa tendência é retirar do mercado empresas que poderiam estar atuando com produtos inteiramente novos ou revolucionários. O risco de lançar um produto malsucedido é muito elevado. O preço a pagar pode ser a expulsão da empresa do mercado. Por esse motivo, cada vez mais as empresas observam o que seus concorrentes estão fazendo, o que se convencionou chamar de *Benchmarking*.

No caso de alguns setores, a questão dos custos elevados na pesquisa é tão dramático que muitos produtos são abandonados no meio do processo, mesmo durante a fase de teste. Muitos produtos já pesquisados nunca chegam ao consumidor. Como ocorre no setor farmacêutico, no qual os gastos com P&D atingem a casa de bilhões de dólares.

A questão ambiental – As empresas só passaram a levá-la realmente a sério a partir dos anos 70, com a multiplicação de movimentos ambientalistas e o fortalecimento da legislação nessa área, especialmente nos países desenvolvidos.

Com o tempo, a situação começou a mudar também nos países em desenvolvimento. Alguns criaram legislações ambientais e passaram a exigir análises e avaliações de impacto no meio ambiente para a aprovação de projetos. Mesmo para a tomada de empréstimos, hoje são exigidas averiguações de impactos no meio ambiente.

Nos países mais conscientes do problema ecológico, o próprio consumidor age cada dia mais como um fiscal de produtos e de processos que prejudicam o meio ambiente. Reage contra o consumo de produtos decorrentes de caça predatória, de desmatamentos ilegais, ou de companhias que utilizam processos poluidores ou com possíveis riscos diretos ou indiretos à saúde.

A propriedade intelectual – Muitas empresas não lançam seus produtos por falta de uma legislação adequada, que proteja o criador do produto, o inventor ou a empresa que o patrocinou. Esse fato ocorre especialmente em países em desenvolvimento. Assim, a falta de uma lei tem um impacto triplo:

- Há um desestímulo ao inventor local, que guarda as suas criações, pois receia que, caso lançadas, sejam copiadas. A contrapartida é o risco da rápida obsolescência do conhecimento.
- Cria um desestímulo às pesquisas de um modo geral, pois o criador não obterá recompensas através do retorno esperado do mercado. Fica mais barato copiar do que investir em desenvolvimento.
- Gera um desestímulo à vinda de empresas de fora, especialmente daquelas que já detêm a propriedade de inventos semelhantes. Estas não trarão os seus produtos com receio de serem pirateados.

O resultado é um círculo vicioso, prejudicial tanto para países em desenvolvimento, que não têm acesso a muitas das invenções, como para países desenvolvidos, pois suas empresas perdem com a pirataria e poderiam esstar recebendo recursos para financiar novas pesquisas.

Espionagem industrial – Esse é um dos males da economia moderna. Devido aos altos custo de pesquisa, algumas empresas preferem economizar, optando por espionar projetos. Embora nenhuma empresa possa sobreviver apenas na base da espionagem, muitas escolhem utilizar sistematicamente tais atividades como uma forma de manter seus custos reduzidos.

É claro que tal atitude por parte de algumas companhias gera a desconfiança nas demais. Além do custo do investimento, elas passam a ser obrigadas a gastar recursos com proteção de suas pesquisas. Isso também estimula uma atitude negativa em relação a pesquisas "puras" ou "inteiramente novas" para produtos originais.

Roubo de cérebros – Muitas empresas optam por esse caminho por ser mais elegante que a espionagem. Por mais que as empresas obriguem seus funcionários a assinar contratos com o compromisso de não revelar as informações que possuam sobre os projetos em que trabalharam, na prática não podem esvaziar o conhecimento acumulado em seus cérebros. Quando eles saem, levam consigo não apenas as informações sobre o projeto no qual estavam envolvidos, mas sobre o próprio modo como a empresa opera e outros projetos existentes.

Falta de estrutura jurídica – Qualquer agente econômico quer segurança em relação a seus investimentos e, em particular, a suas pesquisas. Se ele sentir que o governo vai mudar as regras jurídicas, pode abandonar sua política de investimentos e de pesquisas, retardando o lançamento de novos produtos ou pesquisas até as regras ficarem claras. A falta de uma estrutura jurídica ou de um claro conjunto de especificações por parte do governo pode impedir o desenvolvimento de um setor.

É preciso que a legislação dos países seja o mais flexível possível, não somente em relação às inovações tecnológicas e à produção de um bem ou seus sucedâneos. Caso contrário, o país pode ficar à margem do processo.

Estabilidade das políticas econômicas – A inexistência de políticas econômicas bem definidas ou a instabilidade de seu direcionamento são inibidores do investimento, especialmente em pesquisas.

Instabilidade político-social – Muitos países são conhecidos por possuírem um sistema político instável, caracterizado por inúmeros golpes de Estado e rupturas institucionais. Isso tem enorme efeito negativo em investimentos, especialmente estrangeiros.

A estabilidade político-social é hoje considerada o ambiente adequado para a concorrência econômica, pois espera-se que um Estado democrático e representativo permita que sejam estabelecidas regras claras sobre a produção, a competição e as legislações que são necessárias para o desenvolvimento dos diversos setores.

No entanto, existem diferentes conceitos de democracia, com variados graus de liberdade e níveis de intervenção do Estado na economia. Ainda que esse seja um assunto controverso, parece-nos que o fundamental é a existência de fóruns de negociação, representatividade dos desejos e aspirações sociais, liberdade de crítica e possibilidade de rotatividade do poder. Esses se apresentam como os principais mecanismos para equacionar os conflitos entre a atividade privada e o Estado, entre o indivíduo e as instituições e entre o individual e o coletivo.

Fusões e aquisições – Embora essa seja uma das tendências mais recentes da economia, é importante observar se as fusões não vão gerar monopólios em alguns setores ou, ao menos, em alguns produtos.

Existe uma grande discussão sobre a contribuição dos monopólios e das grandes empresas para a economia. Alguns autores, como Schumpeter, argumentam que são as grandes empresas, e os monopólios em particular, que realizam as grandes pesquisas[10].

Em um ambiente de perfeita competição, os lucros, por serem menores, não permitem a acumulação de capital necessária para se investir adequadamente em novos produtos. É por esse motivo que as empresas buscam tão arduamente se unir a outras para obter sinergias, cortes de gastos, redução de despesas administrativas etc.

Em casos de oligopólios competitivos, há um estímulo ao lançamento de novos produtos e à entrada em novos setores. Em geral, pode-se argumentar que, em um setor com oligopólios competitivos, a busca de inovação tecnológica será uma constante, pois cada empresa não desejará perder mercado ou o seu *share of market* para a concorrente.

---

[10] Ver Schumpeter, Joseph. Theory of Economy Development. *Cambridge: Harvard University Press, 1934 (publicado originalmente em 1911).*

Assim, ela será incentivada a lançar novos produtos, ainda que sejam apenas inovações tecnológicas e não produtos inteiramente novos, pois poderia maximizar a sua situação para criar um contexto schumpeteriano: acumularia capital, com o capital acumulado investiria em novos produtos, ou mais provavelmente em inovações tecnológicas em produtos já existentes, e, como conseqüência, estimularia as demais empresas a fazer o mesmo.

No entanto, para que o clima de inovação tecnológica permaneça, é preciso impedir que as empresas do setor oligopolizado fundam-se em uma só ou que se crie uma situação de uma empresa dominante. Com isso, o setor oligopolizado deixa de ser um setor de um oligopólio concorrencial para ser um oligopólio cartelizado, o que é um crime na maior parte dos países. O cartel, ao contrário do oligopólio, não satisfaz as condições de inovação de Schumpeter, gerando perdas para a sociedade. Deve, portanto, ser coibido.

Por que praticamente não houve desenvolvimento ou difusão tecnológica desde o século V antes de Cristo até o século XVIII, quando ocorre a Revolução Industrial? A hipótese básica é porque não havia um clima favorável às novas descobertas. Clima favorável aqui pode ser entendido como um contexto em que os inventores têm um estímulo, seja econômico-financeiro, político, pessoal ou profissional, além de garantias pessoais, como a liberdade para inovar sem correr risco de vida, ao apresentar as suas inovações ao público.

Esse conjunto de incentivos só vai aparecer reunido dessa forma em uma economia de mercado, marcada por um ambiente democrático. De fato, é apenas no período mercantilista que a Revolução Industrial vai ocorrer.

No capitalismo, ou economia de mercado, os fatores mencionados são maximizados:

- Existe uma lei de proteção às invenções para proteger os criadores de roubo ou uso não autorizado das invenções.
- Os criadores podem acumular riquezas pessoais e capital para promover e desenvolver suas invenções, muitas vezes explorando-as sob a forma de monopólio ou quase.
- Muitos inventores, descobridores ou exploradores recebem prêmios, reconhecimento de instituições, honrarias ou comendas, o que é um estímulo pessoal para novas invenções e descobertas.

Pode-se incluir um outro aspecto às descobertas, que é o seu componente espacial. Elas não se limitam apenas à região onde foram criadas, ganhando universalidade. Assim, o tear mecânico britânico teve um impacto direto na produção de tecidos manuais na Índia.

Um exemplo que cabe mencionar aqui é o da introdução do telefone no Brasil. Não se pode esquecer que o Brasil foi um dos primeiros países a introduzir o telefone e, no entanto, o país não conseguiu se destacar no setor. Por que não? Provavelmente porque não preenchia as condições já citadas.

ALGUMAS SUGESTÕES

Como já vimos, os objetivos da gestão do conhecimento são utilizá-lo na otimização dos recursos da empresa, no atendimento às necessidades do seu mercado e com um direcionamento que vise uma adequação às atuais circunstâncias e às futuras mudanças do seu meio ambiente.

O desafio atual é: como ampliar tais conhecimentos com o menor custo possível para a empresa e com o menor risco para o empresário?

Aqui sugerem-se alguns métodos básicos:

- *Joint-ventures* com empresas estrangeiras
- Associações de pesquisas entre empresas no mesmo mercado
- Associação universidade-empresa
- Apoio a pesquisadores promissores
- Criação de grupos de trabalho específicos voltados para soluções
- Incentivos e premiações.

Se há uma demanda por um bem já existente mas que não é fabricado localmente, são várias as maneiras de torná-lo disponível no mercado interno. A primeira delas é importá-lo. No entanto, o importador convive com muitas incertezas. Por isso, em alguns casos, pode ser mais vantajoso desenvolver fornecedores de peças e partes e produzir tal bem domesticamente.

Vamos examinar de que maneira isso pode ser feito pelo empresário para que este obtenha o máximo de retorno com o mínimo de gastos e riscos.

Associações ou *joint-ventures* com empresas estrangeiras: Caso o empresário ainda não domine a tecnologia do produto a ser lançado, tratando-se de um novo produto, vai surgir a dúvida: como produzi-lo e qual marca lançar? Nesse caso, a melhor solução parece ser uma associação *(joint-venture)* com uma empresa estrangeira. Se o produto já existe, sendo fabricado e comercializado com sucesso em um certo número de países, tudo leva a crer que ele tem mais chances em um novo mercado – especialmente se ele já é importado – do que um produto inteiramente desconhecido.

Podem ser necessárias aclimatações, ou seja, adaptações no produto ao gosto local, com inovações tecnológicas e adequações quanto ao processo de produção, de distribuição ou de venda e promoção.

As inúmeras diferenças religiosas e culturais, as peculiaridades geográficas, os diferentes níveis de desenvolvimento, os estágios de tecnologia e da infra-estrutura econômica, os mecanismos e instituições sociais e até as características físicas não são iguais em todos os países, muito pelo contrario. É isso que leva à necessidade de adaptações nos produtos e processos, em aspectos como os tamanhos e modelagem das calças jeans, as dosagens de medicamentos, as características dos implementos agrícolas, o respeito às religiões e aos costumes locais, o tamanho do mercado e assim por diante.

Associações de pesquisas entre empresas no mesmo mercado: Essa associação está se tornando cada vez mais comum devido aos gastos crescentes com P&D. Em especial na área farmacêutica, na qual os custos de manter-se atualizado são elevados. Isso ocorre, em geral, porque existe uma grande demanda por inovações nessa área, especialmente nos temas mais críticos da saúde humana, como a AIDS e as doenças cardíacas, que vêm causando um número crescente de mortes. A idéia é criar um *pool* de empresas, cada uma mantendo sua identidade, mas repartindo os gastos e, posteriormente, os lucros das inovações.

Associação universidade-empresa: Esse é o casamento de interesses perfeito. A universidade tem um batalhão de cientistas sempre em busca de recursos e as empresas têm recursos, mas querem obter resultados. Os resultados podem, dependendo da área, aparecer rapidamente, especialmente se as empresas financiarem pesquisas que já estejam em andamento, com a possibilidade de comercializar os resultados. Todos ganham com essa parceria.

Apoio a pesquisadores promissores: Muitos jovens promissores se formam e não obtêm emprego por não saberem onde procurá-lo. As empresas devem adotar formas de recrutamento mais agressivas de tais jovens. Para saber quem são os jovens promissores, é preciso verificar o aproveitamento do aluno via histórico escolar: notas acima da média, participação em grupos de pesquisa etc. Os recém-formados, uma vez contratados, podem ser colocados em contato com os diversos departamentos da empresa para oferecer novas perspectivas. Por serem naturalmente curiosos, eles vão questionar todo o processo de pesquisa, o que é bom para a empresa.

Criação de grupos de trabalho específicos voltados para soluções: Os grupos voltados para soluções funcionam da seguinte forma: a empresa diz qual é o seu problema ou o do seu cliente e solicita a solução a um grupo de pesquisadores. Exemplos: como reduzir nível de ruído dessa máquina? Como reduzir o consumo de combustível? Como tornar o material mais leve? Como ocupar menos espaço?

Uma vez lançado o problema, ele é entregue ao grupo de pesquisas ou para um grupo voltado para a busca de soluções, que vai trabalhar apenas nesse problema e em nada mais. Em função do nível de concentração de esforços, a experiência demonstra que, em pouco tempo, o problema estará solucionado. É um método eficaz e barato de introduzir inovações tecnológicas.

Incentivos e premiações: As premiações são uma maneira simples, direta e objetiva de descobrir talentos em uma área em que se deseja fazer pesquisas ou desenvolver produtos e inovações. Com os estímulos e as premiações certas, a empresa obterá o retorno de pesquisadores, que poderão agregar valor aos seus produtos.

CONSIDERAÇÕES FINAIS

No mundo empresarial, nas últimas décadas, os direcionamentos foram orientados à redução de despesas, ao aumento da produtividade e ao enxugamento das empresas – seja por necessidade de mercado, pelo aumento da concorrência, pelo avanço tecnológico ou até pelo sucesso da experiência japonesa do pós-guerra e as teorias que se seguiram.

Parte desse esforço teve o mérito de reestruturar e redirecionar a organização das empresas; criar um conjunto de métodos, diretrizes e instrumentos utilizados para o desenvolvimento e racionalização de normas, rotinas e procedimentos; desenvolver uma consciência, individual e coletiva de gestão e garantia da qualidade dos produtos ou serviços oferecidos ao mercado; otimizar seus recursos através do aumento de produtividade e a minimização das perdas e das ineficiências, visando atender, fundamentalmente, as expectativas do consumidor ou usuário.

Uma parte significativa das empresas mudou muito nesse período, especialmente as grandes corporações e aquelas que buscaram novos segmentos de mercado ou as que foram expostas ao mercados internacionais.

Mas esse ainda não é um processo completo, universal e homogêneo ou necessariamente benéfico para todas as empresas. A razão disso é que alguns desses conceitos foram assimilados parcialmente, perderam sua essência em adaptações exageradas, não tiveram o devido apoio da alta direção, foram executados simplesmente para receber certificações ou para uso mercadológico. Não raro, transformaram-se em desastrosas experiências de corte de pessoal, passaram por processos de implantação de informatização ou robotização prematuros e superdimensionados ou foram executados simplesmente para acompanhar modismos de processos de gestão.

Mas o tempo não parou e as empresas e os seus cenários continuaram mudando. A tecnologia e a comunicação literalmente explodiram, a concorrência interna e externa aumentou, os mercados se modificaram profundamente, os consumidores se tornaram mais exigentes, seja pela consciência com o meio ambiente e com a saúde ou pelos desejos específicos das minorias. Somado a isso, o processo de globalização se acentuou.

Mesmo algumas das empresas que passaram pelas modificações nestas décadas já não se sentem tão atualizadas ou tranqüilas nos novos ou nos previsíveis cenários. Uma das principais razões para isso é que elas basicamente buscavam ilhas de estabilidade que não existem mais. A outra é que um período de mudanças dificilmente é tranqüilo e mudar mentalidade ou cultura, como já vimos, não é fácil.

Cada época tem as suas características e é preciso adaptar-se a elas. Isso sugere algumas lições sobre as quais vale a pena refletir:

- A adaptação passa a ser uma máxima da administração das empresas e da gestão dos seus negócios. Ajustar-se às mudanças, adaptar-se, diferenciar-se e atualizar-se passaram a estar na ordem do dia. Acomodar-se é perder o passo da modernidade.
- É preciso criar produtos únicos, agregar valor aos existentes,

preencher novos nichos, identificar e antecipar-se às tendências do mercado.
- No lugar de competir frontal e diretamente com seus concorrentes, a nova filosofia é buscar contorná-los ou desviar deles. Na economia não diferenciada era impossível deixar de competir com os mesmos produtos e nos mesmos mercados. Isso fazia sentido, mas, em um mundo mais complexo e diversificado, com mercados mais segmentados e consumidores mais exigentes, o novo é orientar-se para segmentos distintos e criar produtos diferenciados.
- A meta não deve ser quem é mais enxuto e sim quem é mais competente. E a competência tem muito a ver com adaptar-se às mudanças e como se encaixar melhor no mercado. É compreender os sistemas internos e externos da empresa e como interagem em sua diversidade e complexidade.
- É essencial perseguir produtividade e reduzir custos, pela consciência das pessoas em relação ao preço de nossos serviços ou produtos. O lucro virá porque venderemos mais e não porque nossos preços são mais altos. Margens altas são um convite à ação dos concorrentes.
- A busca de parcerias tem mostrado ser uma solução para agregar competências. A cooperação de parceiros que mantenham sua independência, sua especialidade e a sua competência singular tem trazido soluções e benefícios na somatória das diversidades e complexidades.

O que permeia essas recomendações é a capacidade cada vez maior de estar aberto e atento ao que acontece em nosso meio. Essa nova estabilidade dinâmica deve perdurar por algum tempo e caminhar para uma maior complexidade. Assim, será necessário estar constantemente adaptando-se às mudanças. Para isso, é fundamental estar próximo, relacionar-se, ouvir o mercado e montar sistemas de retroalimentação ou *feedback* que permitam ajustar as empresas ao ritmo dos acontecimentos. Ou seja, como qualquer sistema eficiente, é necessário simplesmente retroalimentá-lo.

Envie-nos seus dados e receba informações sobre os próximos lançamentos

Basta responder a este questionário e enviá-lo para:
Editora CLA Cultural Ltda.
Rua Cel. Jaime Americano, 30 – salas 11,12,13 – Vila São Francisco
05351-060 – São Paulo (SP)
Ou preencher a pesquisa no nosso site: www.editoracla.com.br

Nome: _____
End.: _____
CEP: _____ Cidade: _____ Est.: _____
Fone: _____ E-mail: _____
Estado civil: ☐ solteiro   ☐ casado   ☐ outros
Sexo: ☐ masculino   ☐ feminino
Profissão:
Escolaridade: ☐ ensino fundamental   ☐ ensino médio
☐ superior   ☐ pós-graduação

Qual o tipo de livro que você costuma comprar?
☐ Administração/Negócios   ☐ Comunicação
☐ Esporte   ☐ Informática
☐ Literatura infantil   ☐ Saúde
☐ Outros _____

De que forma você costuma comprar livros?
☐ Livrarias   ☐ Mala direta
☐ Internet   ☐ Outros
☐ Feiras e Congressos

Com que freqüência?
☐ 1 a 2 livros por ano   ☐ 5 a 6 livros por ano
☐ 3 a 4 livros por ano   ☐ mais de 6 livros por ano

Quais os fatores que influenciam sua compra?
(enumere em ordem de importância)
___ Preço   ___ Tema
___ Capa   ___ Editora
___ Autor   ___ Divulgação na mídia
___ Formato   ___ Tamanho da letra
___ Número de páginas   ___ Exposição nas livrarias
___ Recomendação de amigos

Você gostaria de receber informações sobre nossas publicações e futuros lançamentos?
☐Sim   ☐Não

Você gostaria de indicar um amigo para receber informações sobre nossos livros? (em caso afirmativo, informe nome, endereço ou e-mail)
_____
_____
_____

Qual a sua avaliação deste livro?
☐Ótimo   ☐Bom   ☐Regular   ☐Ruim

MUDANÇAS, RAZÃO DAS INCERTEZAS

Impressão e Acabamento

Capital

GRÁFICA EDITORA LTDA.
Rua Lagoa Bonita, 29 / 31
Telefax:(11) **6721-1022**
www.brindescapital.com.br